PORQUE ERES

DIFERENTE

RICARDO RODRÍGUEZ

MORLIS
EDITORES

MORLIS
EDITORES

© Edición: Morlis Editores, S.C.
© Diseño de portada: Morlis Editores, S.C.
© Diseño de interiores: Morlis Editores, S.C.

© Autor: Ricardo Rodríguez M.
Primera edición (2019).

© *Porque eres diferente* es una publicación escrita por Ricardo Rodríguez M. y editada por Morlis Editores, S.C., Árboleda 215, Lomas de Chapultepec, Miguel Hidalgo, CDMX, México 11000 Tel.: 5530055208.
www.morliseditores.com

Índice

Agradecimientos

¡Buenos días por la mañana!, ¡buenas tardes por la tarde!, o ¡buenas noches por la noche! A cualquier hora y siempre, mi enorme agradecimiento a los que viven todos los procesos de mi vida, mi familia. A Claudia, Cynthia y Ricky, que siempre entienden y respetan pacientemente mi inmersión por horas en el trabajo, dejando otros placeres para más tarde, por ejemplo, el almuerzo del domingo o la carrera de E-Karting. A ellos mis infinitas gracias por su comprensión y apoyo.

A mi mamá Patricia por darme la vida, el apoyo, la educación y los valores, pero, sobre todo, por aguantarme y apoyarme en las buenas y en las malas. Te amo, Pato.

A mi papá, Ricardo, y a nuestras productivas charlas y consejos útiles de vida y de responsabilidad, los cuales, muchas veces, no fueron fáciles de entender a la primera.

A mi hermana Ana Paola, por aguantarme y apoyarme en diversas situaciones.

A John, un profesional muy valioso que me apoya incondicionalmente y me brinda su confianza, pero, sobre todo, me ha permitido aprender mucho de su experiencia.

A todo el equipo Tecnogolf, que confió en mí para sacar adelante la empresa a su corta edad, enseñándome pasión, compromiso y brindándome su amistad y su apoyo, ¡GRACIAS!

A mis mentores, *coaches* y ejemplos de vida, miembros de la franquicia Action *Coach*, The Staver Group, Cardone University, Ken Blanchard, Robert Kyosaki entre muchos más. Escritores que comparten conocimientos a través de sus libros y sus cursos, gracias por contribuir al crecimiento personal.

A todos nuestros clientes, quienes confiaron en nosotros para hacer negocios, nos brindaron la oportunidad de atender sus necesidades y, por ello, nos hemos convertido en amigos.

A mis amigos y colegas, tanto empresarios como directivos, por compartir sus experiencias, conferencias y perspectivas.

A todos esos emprendedores que, fundamentalmente, me enseñaron que los sueños con acción son realidades productivas.

A todos ustedes que invierten su tiempo en leer estas líneas, gracias por estar aquí y bienvenidos a descubrir *Porque eres diferente.*

Introducción

Todo comenzó con un accidente, así como empiezan las cosas. Hay eventos que marcan el fin de algo o el inicio de otra cosa. A veces son cambios súbitos y otras veces el proceso es lento; sin embargo, sólo en el ejercicio de recordar es donde uno puede percatarse de lo sucedido. Lo que pasa es que estamos tan cerca de nosotros mismos que no podemos ver, no podemos darnos cuenta; entonces es necesario alejarse y tomarse un minuto para reflexionar sobre lo ocurrido, sobre nuestro pasado, para así regresar al presente y asimilar qué estamos haciendo y dónde estamos parados, volver al aquí y al ahora. En el ejercicio de reflexión aprendemos a reconocernos, por eso es importante, porque, cuando uno se reconoce, puede reconocer su entorno, su exterior.

Hay accidentes todos los días, pero son pequeños, casi imperceptibles, debemos poner atención. Ésta es una cualidad que todos tenemos, sólo es cosa de ejercitarla día con día, es fácil. La vida está hecha de coincidencias y casualidades. Tal vez te topaste de frente con "el amor de tu vida" o con una idea millonaria y la dejaste pasar por no ir atento, por estar viendo tu celular o por tener prisa. Hay que saber observar porque un accidente puede convertirse en una gran oportunidad, pero sólo lo sabrás si te arriesgas y decides tomarlo de esa manera.

Así fue conmigo, así me ha pasado y por supuesto que me seguirá ocurriendo. Una vez que has aprendido a observar, es muy difícil dejar de hacerlo. Claro que es posible que no haya aprovechado todas las coincidencias con las que me he encontrado a lo largo de mi vida, es probable que no las haya identificado todas (porque tampoco es tan sencillo, a veces yo también voy distraído o con prisa); sin embargo, he sabido ver algunas y son éstas las que he decidido transformar en oportunidades para mí, cada una de ellas. Yo puedo decir, con certeza, que hoy estoy donde estoy gracias a estos accidentes.

Comencé una empresa en el año 2001, se llama Tecnogolf y es la tienda de golf más grande de México. Somos distribuidores exclusivos de carros de golf y vehículos tanto utilitarios como multipasajeros de la marca E-Z-GO Cushman, así como de refacciones, accesorios, diseños y servicios de los mismos. Además, la tienda vende accesorios y equipos de golf para los jugadores a nivel nacional y cuenta con más de 50 subdistribuidores en el país. Si alguien me hubiese dicho hace dieciocho años o más que hoy estaría donde estoy, no se lo hubiera creído.

Debo admitir que a veces sigo sorprendiéndome de realmente estar aquí parado, contemplando lo verde de algún campo de golf en Los Cabos, en Puerto Vallarta o sentado en mi escritorio lleno de papeles escribiendo lo que hoy escribo, pero, cuando me pellizco y no despierto es que puedo agradecerme a mí mismo y a la vida por las oportunidades que me ha puesto enfrente. Porque, si bien no tengo todavía ese escritorio límpido y brillante de cristal con el que soñaba cuando era joven o esa oficina con frigobar y regadera propia, contamos con muchas otras cosas más con las que ni siquiera soñé y que han resultado mejores que cualquier visión o cualquier sueño, porque fueron metas, metas que alcancé y coincidencias que supe aprovechar.

El accidente con el que para mí empezó todo fue literalmente un accidente. Y, aunque no se trató de un percance realmente extraordinario o estruendoso, sí fue uno decisivo que me cambió la vida.

Tenía un grupo de amigos con el que jugaba hockey sobre hielo hace mucho tiempo. Tendría más de veinte (pero como no quiero develar tan pronto mi edad, un estimado en "veintitantos" es más que suficiente) cuando, un día, me invitaron a jugar golf. La idea de que el golf era un deporte para viejitos me cruzó por la cabeza, lo admito, pero acepté. Nos volvimos unos asiduos jugadores, tanto que decidimos comprar, entre todos, un carrito. Y así lo disfrutamos en las colinas de verde pasto, dichosos, hasta que un día (así como empiezan todas las buenas historias) nos lo chocaron. No puedo recordar con precisión de qué puerta estaba saliendo yo ni qué hora era o si estaba lloviendo, sólo recuerdo haberlo visto ahí, estacionado, color marfil, golpeado y abollado, deshecho e inservible.

Nunca supimos quién fue ni exactamente qué pasó, pero ése fue el final de la historia; lo que no sabía en ese instante fue que ese evento marcaría el inicio de otro tipo de historia, porque, para ese entonces, yo ya era parte de ese club y me gustaba mucho. Me dispuse así a arreglar el carrito y decidí que lo haría yo solo. Conseguí un proveedor en Estados Unidos, importé las piezas a través de la empresa de mi papá (de la que ya hablaré más adelante) y —con el conocimiento y la experiencia que había adquirido cuando trabajé con mis tíos en un taller de lavadoras cuando tenía doce años y luego con mi padre a los catorce en su empresa de grúas y polipastos— se las cambié todas. Trabajando noche y día en la cochera de mi casa, ya con los dedos negros, llenos de grasa, le cambié todas las piezas al carrito; ahí quedó. Pasaron unas dos o tres semanas y, un día, una persona me llamó porque alguien más me estaba buscando.

—Sí, dígame.

—Disculpe, creo que me equivoqué, porque usted es socio de este club... —me dijo dubitativo.

—Perdone, no le entiendo.

—Es que hace unas semanas vi un carrito de golf chocado estacionado aquí, pero ahora que lo veo otra vez estacionado en el mismo lugar, noto que está como nuevo. Pregunté quién lo había reparado y me mandaron a preguntar por usted.

—En efecto, ése era mi carrito. Sí me lo chocaron, pero yo lo arreglé.

—Es que yo tengo uno también, uno que quería mandar a reparar. Me preguntaba si... Pero tú no eres mecánico, ¿verdad?

—No, pero si quiere lo reviso y le digo en qué puedo ayudarle —le contesté.

Y así fue, lo revisé, coticé las piezas, le puse precio tanto a mi mano de obra como al tiempo estimado y el hombre me pagó. Reparé aquel carrito como una chispa que causa una primera explosión y ésta provoca otras consecutivamente. Después de que algo así pasa, uno le empieza a encontrar señales y significados a todo, es como si se te encendiera un radar, como si te abrieran un tercer ojo o como si se te desarrollara un sexto sentido; por ejemplo, la marca de ese carrito era *E-Z-GO*, la misma marca de mi primer carrito, el primero que arreglé... y, ahora, la misma marca que distribuimos en Tecnogolf. *¿Okay?*

¿Ahora se entiende un poco mejor a qué me refería cuando hablaba de las casualidades y las coincidencias? Porque no son lo mismo: una casualidad es una combinación de circunstancias que no se pueden prever ni evitar; la coincidencia es cuando dos cosas o más ocurren al mismo tiempo y pueden convenir en modo, ocasión u otras circunstancias. Todo se sincronizó entonces. El choque fue mi casualidad y, de ahí, estallaron todas las pequeñas coincidencias. Si yo no hubiera aceptado arreglar el carrito de aquel hombre que preguntó por mí, si yo me hubiera sentido intimidado por el hecho de no ser mecánico (incluso con la experiencia y todo lo que sabía de mecánica) o hubiera pensado *ay, no, qué flojera*, nada más hubiera ocurrido. Si no me hubiera aventurado a arreglar yo mi propio carrito, la historia se hubiera terminado mucho antes de siquiera comenzar, pero, al contrario, me aventuré. Decidí tomar el riesgo, supe ver la coincidencia y la volví oportunidad.

A lo largo de mi vida, de estos casi cincuenta años que tengo (porque todavía me faltan unos cuantos para llegar a esa década), me he equivocado en muchas cosas, pero lo importante es que haya podido aprender de muchas otras. Todo se remite a las experiencias. No es por nada que estoy escribiendo este libro. Yo trabajé en el negocio de mi padre durante veintidós años antes de decidirme a abrir Tecnogolf. Empecé a arreglar carritos por mi cuenta, pero no me separé de mi papá sino hasta unos años después. Es curioso, de verdad, cómo pasan las cosas. Hoy me acuerdo, pienso en el pasado y no puedo evitar sonreír, me sorprende cómo juega la fortuna, cómo todo se acomoda y de qué manera.

Otro accidente que me marcó el rumbo y, a su vez, el destino ocurrió cuando me tocó ir a una convención de distribuidores, me mandaron a lidiar con un proveedor. Recuerdo claramente cómo me sentía: estresado, preocupado, distinto; ya no era tan feliz trabajando en aquel negocio. Estaba empezando a dudar de cuánto quería seguir trabajando ahí. Quería poder tomar mis propias decisiones y hacerme responsable de ellas, no me gustaba resolver problemas en los cuales yo no me había metido. Empecé a sentir que quería tener el poder completo, pero me habían mandado a solucionar una situación muy importante y debía cumplir, así como he hecho desde que tengo memoria (al parecer soy bueno resolviendo problemas). Por todo ello, asistí a la convención.

Al término de la reunión, lo recuerdo muy bien, Mike Staver dio una plática, una conferencia que llamó muchísimo mi atención, fue realmente interesante, pero yo estaba preocupado por otra cosa, así que busqué la mesa en la que estaba sentado el proveedor con el que debía hablar y resultó que Mike Staver estaba sentado en esa misma mesa. Era algo así como la mesa de la gente importante. Tuve la estresante plática que, al final, duró menos de cinco minutos. Lo chistoso fue que Mike escuchó nuestra conversación, se me acercó después de que el proveedor se levantara y me ofreció su ayuda. Así como quien te ofrece el postre porque ya se llenó o porque está a dieta, así, como tratándose de cualquier cosa externó, yo puedo ayudarte. Y lo hizo, no sólo me dejó de tarea una amplia bibliografía, también me recomendó que buscara ayuda profesional a través de algún *coaching* de negocios y, por hacerle caso, conocí una empresa llamada Action *Coach* con la que me capacitaría en el mundo empresarial. Ahí empezó todo.

Una nueva explosión

Poco tiempo después decidí salirme del negocio de mi padre y empezar seriamente el mío. Hay que aprender a seguir el camino de uno mismo, saber escoger por cuenta propia y no irse por el trazado por nuestros padres. No hay que dejarse llevar por las decisiones que han tomado por nosotros. Llega un momento de la vida en que podemos decidir qué es lo mejor para nosotros mismos, en qué concentrarnos. A mí me llegó entonces.

Visité la empresa que me recomendó Mike Staver, Action *Coach*. Yo nunca había participado en nada semejante ni sabía muy bien cómo funcionaba. Se trata de una franquicia que, con una serie de programas exclusivos, ayuda a empresarios a jugar mejor su rol de dueños y a aumentar los resultados de sus negocios; trabajan con sus clientes de manera personalizada y los capacitan constantemente. Yo estuve asistiendo a los cursos durante tres años, me metí de lleno a este mundo del *coaching* y ahora llevo más de quince años estudiando todo lo referente al tema.

Todavía continúo leyendo libros, todo acerca de los negocios, la administración y las finanzas (y eso que la carrera que yo estudié fue Administración de empresas), la contabilidad, el desarrollo personal y organizacional, entre otras. No sabía lo que desencadenarían mis acciones o mi esfuerzo, pero, de pronto, han pasado diecisiete años desde que existe Tecnogolf. Acaso es por eso que, de vez en cuando, debo pellizcarme, como para recordarme que —aunque estoy viviendo uno de los sueños que alguna vez tuve y luego me propuse— hoy todo es real.

Es cierto que siempre soñé con tener mi propia empresa, desde muy chiquito. Mi abuelita me decía *tú debes trabajar mucho. Un día vas a venir por mí en tu helicóptero.* Ella falleció hace tiempo ya. No pude llevarla de paseo en el helicóptero, porque ni siquiera he tenido uno a control remoto. Tal vez ella fue mi helicóptero, siempre elevándome con lo que me decía: *si vas a ser barrendero, siempre sé el mejor barrendero. Tú sólo debes trabajar y ser formal. Si quieres ese helicóptero, es la manera de tenerlo, trabaja. Sé el más puntual y el más constante de los barrenderos, si eso quieres ser.* Yo tenía muy claro que quería ser empresario, que quería tener un negocio, aunque no tenía claro de qué. Tal vez pasó todo muy rápido y ni cuenta me di de que mi camino estaba hecho, porque lo fui haciendo sobre la marcha, tomando todas las oportunidades y, de pronto ya había llegado. Seguí mi corazonada, me le adelanté a los accidentes. Cuando identifiqué la posibilidad de negocio a través de los carritos, tuve claro que eso era lo que tenía que hacer y aquí seguimos.

Puedo decir que, entre los sueños que he tenido y las metas que a lo largo de mi vida me he propuesto, jamás estuvo escribir un libro; sin embargo, hoy lo estoy haciendo con la misma fuerza y determinación con la que he hecho todo lo demás. Después de tanto tiempo leyendo, estudiando y trabajando, me siento con la capacidad de hacerlo, de escribir esto que escribo. No tendré una gran trayectoria como *coach* (porque creo en el constante desarrollo, sé que uno siempre se puede educar más, cada día se aprende algo nuevo), pero sí creo en mi nombre, en mi trabajo, en el éxito que he logrado y en la visión que he sabido mantener a lo largo de estos años; creo en mi empresa y en el equipo con el que trabajo.

Sé que uno debe invertir en sí mismo y esa inversión también está en la educación, yo nunca dejo de cultivarme. Cuando viajo, me llevo los audiolibros; no escucho música mientras manejo; yo escucho conferencias, *podcasts*, audiolibros y consejos de quienes considero autoridades en esto del *coaching*. Ése es mi certificado, mi aprendizaje, mi desarrollo y cómo lo llevo día con día en mi cuerpo, en mi mente, en mis palabras y en mis acciones. Porque todo este conocimiento y experiencias que he recolectado a lo largo de mis años son enseñanzas, enseñanzas que hoy quisiera compartir; no quiero guardarlas sólo para mí. No se trata de eso. Porque mientras más se da, más se recibe y viceversa.

Así que aquí estoy, escribiendo, pero no es eso lo único importante. Lo importante es quién está leyendo y por qué, ¿para qué?, ¿qué esperaba encontrar al abrir las páginas de este libro? Todavía no entramos a eso, pero ojalá mi historia haya empezado a despertar tu interés. Hasta ahora, lo único que he hecho es usarme como ejemplo y la única razón por la que lo he hecho es porque he estado en ese lugar en el que ahora estás tú. El mundo real no es fácil y nadie te enseña a incorporarte en él o sobreponerte a sus obstáculos. Ésta es la intención que yo tengo, por eso escribo este libro, porque se necesitan respuestas.

Hoy busco orientarte y generar un panorama adicional y más amplio del que hoy en día tenemos acerca del trabajar para una empresa o dedicarse a un negocio propio que te otorgue libertad e independencia. A mí me interesa, principalmente, ayudarte a encontrar y lograr el compromiso contigo mismo, que a su vez influya en las empresas y que te vuelva un colaborador abierto a aprender, a cooperar y a crecer de manera personal y profesional, permitiéndote lograr tus objetivos personales y financieros a futuro.

Sé que si abriste este libro y has llegado hasta estas letras, es porque hay algo que te inquieta. Había quizá algo que buscabas y hoy puedo decirte con seguridad que ya lo encontraste. Velo como otra coincidencia, otro instante de casualidad. Quiero creer que, con las páginas que has leído hasta ahora, has aprendido a ver las cosas de manera distinta, has aprendido a observar las posibles oportunidades que las coincidencias te brindan. Ésta es una.

Así como tú abriste este libro por alguna inquietud —no sé cuál—, yo escribo este libro desde la mía propia, desde mi preocupación por un problema (del que hablaré adelante) con el que me he encontrado de un tiempo para acá. Porque así como he resuelto muchas cosas de mi vida o de mi negocio, hay muchas otras sobre las que no tengo control y así como he aprendido a mirarlo todo desde la oportunidad que me regala un problema; decidí aprovechar y escribir este libro. Espero que esto no sólo me ayude a mí, sino también a mis colegas y amigos empresarios, pero sobre todo a ti, lector.

Tecnogolf no es sólo una empresa dedicada a la compra y venta de carros de golf; Tecnogolf es también una manera de enfrentarse con el mundo, de vivirlo y de formar parte de él. Después de decidir que me dedicaría a los carritos de golf como negocio y después de diseñar mi página web, creé un lema, el cual es más que una simple frase: *Porque eres diferente*. Y, así como el título de este libro, es una afirmación: porque lo eres. No nos dedicamos sólo a crear carritos únicos, personalizados, para nuestros clientes, nos dedicamos a creer en este enunciado: *eres diferente*. Así es como uno empieza a crearse y a creer en su propio camino. Una vez que entiendes que eres diferente es que puedes aceptarlo, aceptarte y comenzar a caminar sobre tu propio ser, sobre tu propia esencia, en función de tu destino.

Mi equipo de trabajo está compuesto por personas en las que confío y las cuales confían en mí, que creen en los mismos ideales que creo yo, que están formándose una carrera, un camino. Son lo más importante que tengo; gracias a ellos, Tecnogolf está donde está. ¿Por qué? Porque nos hemos esforzado, todos y cada uno de nosotros, por crear esa relación y mantener fuerte el vínculo. Pero —y aquí viene la inquietud y la razón de escribir este libro—, ¿qué pasa cuando uno emplea nuevos elementos de trabajo, pero éstos deciden romper con el compromiso y la posibilidad de establecer un vínculo a dos meses o menos de haber sido contratados? Tengo muchos amigos empresarios, directivos, gerentes, etc., que me han externado, en diferentes conversaciones, este mismo pesar. Una rotación constante de los jóvenes que abandonan el trabajo a dos o tres meses de haber entrado. Nos llama la atención que dichos jóvenes tienen más o menos de veinticinco a treinta y seis años y que entran en la categoría de la bien conocida y ya famosa generación *millenial*.

Esta generación comprende a los nacidos entre 1982 y 1994, más o menos. Son los que se encuentran después de la generación X y antes de la Z; el título que se les ha denominado deriva de la palabra *milenio* en inglés, porque crecieron con la tecnología y la cultura desarrollada entre los años 80 y los 2000. Hoy, los *millenial* tienen la edad con la que uno se inserta o insertaría, idealmente, en el mercado laboral; sin embargo, las características de esta generación han repercutido en las formas de trabajo conocidas por las generaciones anteriores (aquí entro yo). Los *millenial* no están contentos con la estabilidad laboral como antes lo estábamos, su búsqueda es otra.

Si bien es válido buscar y romper con los ideales que los padres o abuelos les infundieron —o infundimos—, es justo esto lo que hoy nos afecta a las empresas, a los negocios, a quienes los emplean —o empleamos—. Se trata de esta falta de constancia, esta falta de compromiso, este "persigue tus sueños" con el que la generación ha crecido, esta mentalidad *YOLO (You Only Live Once)* lo que daña y se refleja en esta rotación constante. Lo entiendo, ahorita están jóvenes y pueden darse el lujo de cambiar de trabajo cada dos meses, de estar buscando sin llegar a ningún lado; sin embargo, las cosas cambian y algún día serán mayores. El mundo no se acabó en el 2012 ni se acabará en el 2050; ahora están jóvenes, sí, pero van a llegar a los 40 y luego a los 70 y, seguramente, hasta más de los 90, porque el futuro es ahora.

Tengo fe en que no hayas cerrado el libro después de leer lo que escribí sobre los *millenial*, porque es probable que te esté hablando a ti directamente. Y no está mal sentirse identificado y reconocido como parte de la generación, porque son quienes gobernarán, en el futuro, el mundo que habitamos. Tengo fe también en que mientras lees esto, en tu cabeza empiece a sonar un *tic, tac, tic, tac,* como un reloj de manecillas, sí, o como una cuenta regresiva. Porque el tiempo se va entre los dedos, como arena. De pronto te ves en el espejo y encuentras una cana donde tu cabello era oscuro o una arruga entre tus cejas que se profundiza con cada coraje, de pronto ya tienes gastritis o un dolor en la espalda que no es sólo por haber dormido chueco: repito: lo entiendo. Por eso hay que ponerse las pilas, nada es gratis, te lo recuerdo. El éxito no es gratis y debemos estar conscientes de esto. Hay un sacrificio muy grande por hacer y hacerlo por nosotros mismos. Para lograr nuestras metas profesionales y personales, debes hacer sacrificios

HOY, antes de que sea demasiado tarde, antes de que tus metas sean el sacrificio por haber tardado tanto en tomar acción.

Llega un momento en la vida en que no hay marcha atrás, no volverás a ser niño. Habrá atisbos e instantes de felicidad en la vida que viene, siempre los habrá, pero ya no hay regreso, y es para eso que hay que prepararse. ¿O qué clase de vida quieres tener? No sólo hoy, sino en el futuro. ¿Qué clase de vida estás pensando en darle a tus hijos —si es que los tienes— o a tus mascotas o a tu pareja?, ¿cómo quieres vivir?, ¿cuál es el ejemplo que te impulsa?, ¿cuál es tu meta?

No todo es bello siempre, no todo nos gustará. A veces tendremos que aguantar un trabajo desagradable o una tarea encomendada, por el tiempo que sea, y no lo disfrutaremos, pero esto es parte del juego y de la vida. No hay ningún logro sin sacrificio. Por eso debemos tener claro hacia dónde vamos y aprender aquello que debemos para poder llegar.

Sé que el sistema académico de nuestro país no nos da ningún tipo de educación financiera ni profesional ni cómo aplicarlos a la realidad, pero para eso estás aquí ahora, leyendo este libro. Aunque podamos decir que, en términos generales y por definición, los *millenial* se caracterizan por tener una mejor educación que las generaciones del pasado, debemos admitir que tanta influencia tecnológica y de redes sociales con la que han crecido puede estar volviéndose, más que una solución, en parte del mismo problema. Es como si la tecnología nos hubiera mal acostumbrado al ponernos todo tan fácil y al alcance. Que no se me mal interprete, reconozco todas las ventajas y las posibilidades que nos ha presentado la tecnología, pero a veces pareciera que tener las respuestas tan a la vista, a sólo un clic de distancia, nos ha hecho dejar de buscarlas. Es como si *Black Mirror* y sus predicciones sobre el futuro nos hubieran ya rebasado o estuvieran a punto de hacerlo. Pero sólo si lo permitimos, porque poco a poco hemos terminado —o estamos en ese proceso—, con todo lo que antes se construyó. Yo estoy más cerca de incluirme en este pasado que en el futuro próximo y moderno; aunque sé que está bien romper y deshacernos de muchas creencias y comportamientos pasados y agradezco que esto esté ocurriendo, también me preocupa que la capacidad de razonar y de pensar se esté volviendo dependiente de algún fiel robot con nombre femenino. Necesitamos del mundo virtual para muchas cosas, pero debemos rescatar muchas otras del mundo real que quizá nos estemos perdiendo. Debemos aprender a equilibrar ambos mundos, pues ambos nos benefician. ¿Cómo podemos entonces aterrizar nuestras vidas? Porque estoy seguro de que nada reafirmará tanto tu validez o tu existencia como lo hará la recompensa que obtendrás al vivir tu vida y alcanzar tus metas.

Mi intención no es juzgarte, sino aconsejarte, porque sé que el mundo es diferente y que se está trabajando por cambiarlo más y más; por eso creo que se deben buscar nuevas maneras de guiar y de ser guiado. Yo tengo la experiencia, el conocimiento, y tú, esa visión nueva y fresca necesaria para este nuevo mundo, para este futuro que ya estamos experimentando. Dejemos que este futuro y todas sus ventajas se vuelvan beneficiosas para nuestro presente. Me atreveré a decir que este libro despertará algo en ti que ni siquiera sabías que estaba dormido.

Ahora bien —y aquí es donde formalmente comenzamos—, ¿cuáles son las herramientas necesarias para vivir como quisieras hacerlo?, ¿tienes alguna idea? Yo busco reorientar y ampliar el panorama laboral que conocemos, esas ideas infundidas acerca del trabajar en una empresa o del dedicarse al negocio propio, ¿por qué no atreverse?, ¿por qué no hacerlo? Yo digo *HAZLO*. Sé puntual, sé constante, aprende a mirar desde tu propio punto de vista, a encontrar oportunidades donde no sabías que las había. A través de estas páginas, te encontrarás con muchos de los *cómo* para lograrlo y todos los *no* que has ignorado. Los *no* son oportunidades para los *cómo*; cada no se volverá un pretexto para que utilices tu ingenio. Si esto que quiero es un *no*, ¿cómo lo vuelvo un *sí*? La habilidad para obtener la riqueza es algo que todos tenemos o podemos tener, sólo es necesario tenerlo claro y trabajar hacia ello. Dar el primer paso.

¿No sabes por dónde empezar a organizar tus finanzas?, ¿sabes cómo funcionan los números y cómo hacerlos tuyos? Nada es imposible. Sólo se requiere de esa claridad y esa constancia para darte cuenta. ¿Sientes que no tienes dinero? No pasa nada. La educación financiera te da poder sobre el dinero y no al revés; porque la educación es la riqueza más importante, el dinero no va a resolver todos tus problemas; la educación sí lo hará. El dinero sin inteligencia se pierde rápidamente, hay que saberlo aprovechar. Cada obstáculo con el que nos encontramos es un pretexto para abrir un poco más la mente, para aprender a mirar de una nueva manera. Cada casualidad, cada coincidencia es una bola de nieve y sólo una mente abierta puede encontrar la oportunidad para transformarla en una avalancha. ¿Cómo? Reordena tus prioridades, escoge y decídete, entra en acción. ¿Cuáles son las principales habilidades administrativas que necesitas para el éxito?, ¿qué quieres?, ¿qué no quieres?, ¿cuáles son las razones por las que haces todo lo que haces? Lo que sea que quieras ser, el sueño que tengas, porque cada cabeza es un mundo distinto, lleno de ideas, de sueños, todos distintos a los de los demás, al igual que tu camino. Ese lugar en el que estás parado es el inicio y tú eres quien decide dónde está la meta. Creo fervientemente que el negocio propio es uno mismo y hay que trabajar para hacerlo crecer. Por algún lado se tiene que empezar, hay que aprender para poder actuar, ¿por qué no hacerlo hoy?

Es hora de despertar, de levantar nuestras miradas: el éxito no está en la cantidad de *likes* que recibimos. No, a menos que nuestro apellido sea Kardashian, no lo encontraremos en nuestros *followers*. El éxito no es gratis y debemos estar conscientes del sacrificio que se debe hacer por alcanzarlo. Si, en primer lugar, escogemos plantearnos una meta de vida profesional y personal y, en segundo lugar, decidimos encaminarnos hacia ella pensando en un día alcanzarla, entonces tenemos mucho trabajo por hacer. La vida está no sólo allá adelante, sino en el proceso de llegada, porque no hay logro sin sacrificio y, para esta generación, en la que la constancia, la puntualidad y el compromiso se han vuelto un pesar, entonces es justo ese el sacrificio que debe hacerse, incluso si tu meta es llegar a los cien millones de *likes*. El juego de la vida está ahí afuera, no en el celular, pero hay que salir a buscarlo y aprender a trabajar hacia ello; porque puedes tener un sueño, de ese sueño extraer una meta, fijarte esa meta y después cumplirla.

En este libro encontrarás lecciones y consejos. La educación es la base del éxito y éste es un libro para quienes quieran aprender. ¿Cómo empezar?, ¿cómo continuar?, ¿cómo emprender?, ¿cómo permanecer en una empresa para hacer crecer tu carrera y así lograr tus metas?

Este libro es para ti. Aquí encontrarás el conocimiento necesario sobre cómo funciona el dinero, pero no sólo eso, también entenderás cómo funcionas tú y cómo emprender tu propio negocio, con base en la persona tan diferente que eres tú, para alcanzar ese proceso de enriquecimiento. Con la simplicidad de estos consejos y con la facilidad con la que podrás llevarlos a la práctica en cuanto los entiendas y los interiorices, te preguntarás ¿por qué no hay más gente con riqueza en esta vida? Yo insisto en que es fácil y me dedicaré a comprobarlo en menos de doscientas páginas, porque si bien me he tropezado tantas veces con tan distintos problemas, hoy los sé resolver; porque sólo es una idea. Todo lo que pensamos sobre el dinero, sobre la vida, sobre los negocios, sobre lo difícil que es ser un adulto y enfrentarse con el mundo sólo son ideas. El chiste aquí es cambiarlas, cambiar esa manera de pensar. Reeduquémonos para poder comenzar.

Repito, la habilidad para obtener la riqueza es algo que todos tenemos o podemos tener, el único requisito es quererlo. Sólo son necesarios el deseo y la determinación para afrontar los miedos, todas esas inseguridades, esas creencias con las que vivimos desde hace tanto tiempo, todo lo que nos enseñaron nuestros padres. Puedes romper con todo eso, con todo lo que has vivido, por más difícil que parezca, no lo es: sólo es tu idea.

Hoy estás en la edad para ser tu propio padre, mantenerte, incluso podrías llegar a mantener a los tuyos, ¿no te gustaría? En este libro encontrarás las recomendaciones para hacerlo, para hacer lo que sea que quieras hacer, para ser lo sea que quieras ser, lo que en realidad ya eres. El primer paso es despertar y, si ya decidiste empezar a leer este libro y llevas más de diez páginas, ¿no empiezas a sentirte como si te hubieras tomado el primer café de la mañana? Sigue leyendo. ¿No te da curiosidad saber qué tanto más estaba dormido en ti?, ¿qué tanto más puedes abrir los ojos? Ya es de día y llegó el momento.

Le agradezco al yo de mi pasado por trabajar como lo hizo incluso sin saber exactamente hacia dónde iba o para qué lo hacía; le agradezco a ese yo de hace diecisiete años por haber soñado, pero no sólo eso, sino por haber caminado sobre el sueño, haber emprendido y haber logrado lo que hoy somos. A mis cuarenta y tres años puedo decir que estoy a punto de llegar a ese sueño que tuve alguna vez cuando era joven, cuando acompañaba a mi padre a las oficinas de sus clientes, esas oficinas impecables, todas hechas de vidrio y llenas de cielo. Desde mi escritorio desordenado, cubierto de papeles, facturas y cuentas, escribo estas palabras, no para mí, sino desde la persona que soy, en la que me he convertido, con todas estas experiencias, escribo para ustedes, aquellos dispuestos a encontrar en este libro una nueva oportunidad, incluso sin saberlo, porque por casualidad lo hallaron y el título les recordó algo que siempre supieron: ERES DIFERENTE.

Capítulo Uno

Pero la constancia sólo es un lado de toda la figura que buscamos armar, un lado pequeño e importante que sostendrá la totalidad del cuerpo; lo importante es tener esa inquietud por armarlo, ese interés, esa necesidad y, si seguiste leyendo, intuyo que ahí están. El proceso para alcanzar la riqueza se compone de diferentes partes, cada una, a su vez, se compone de otras. La riqueza es la figura completa, es lo que buscamos y está en nosotros.

Hoy ya sabes que estás buscando algo distinto en ti mismo, distinto para ti mismo porque has despertado. Tal vez no sabes qué exactamente, pero sabes que necesitas respuestas aunque ni siquiera sepas bien cuál fue la pregunta; lo importante es empezar a vislumbrar nuestro futuro. De eso estamos hablando desde el principio: quiénes somos, cuáles son nuestras metas, nuestros sueños, qué nos falta para alcanzarlos, cuáles son nuestros propósitos y cuáles, nuestras razones.

Lo entiendo, es esta edad, este mundo, esta economía, las revoluciones, las luchas, son todas estas influencias externas las que a veces nos hacen dudar de nuestro interior, porque el mundo es demasiado grande y nosotros nos sentimos demasiado pequeños. La verdad es que lo somos y esto puede ser tan tranquilizador como inquietante. Tú decides cómo verte frente al mundo y cómo ver al mundo frente a ti. No tienes de otra, ya estás ahí, y el viaje es tan placentero y divertido como tú quieras que sea. Saber que todo lo que hagas depende de ti y de nadie más, puede ser esperanzador si así lo deseas, porque no se trata de centrar nuestra atención en los factores externos, se trata de visualizarlos y aprovecharlos a nuestro favor, en la medida de lo posible. El mundo no está en nuestra contra; todo lo contrario. Eso es lo que debemos entender.

Para mí, la única manera en la que pude salirme del negocio de mi padre fue a través de mi propio desarrollo, cuando empecé a avanzar en función de mí mismo y no de lo que alguien más esperaba que hiciera; cuando conocí a Mike Staver y platicamos; cuando me dijo yo te ayudo, cuando entré a Action *Coach* y empecé a estudiar y a educarme sobre el asunto, porque el negocio propio es uno mismo, cuando uno comprende esto, poco a poco se empieza a aclarar todo lo demás.

¿Ya decidiste que lo que quieres es emprender tu propio camino? Tu propio camino eres tú mismo. Se trata de visualizar tus metas y de cumplirlas. No importa si eres músico, repostero o empresario, ya cumpliste esa meta de serlo, ahora el objetivo se instala en convertir ese negocio en el mejor de todos. ¿Me explico? Lo primero es decidirte. ¿Cómo te decides? Porque a veces es muy difícil saber quién eres o quién quisieras ser, pero, la verdad, es muy simple, eres diferente, así que deja de compararte. ¿Por qué?, ¿por qué no compararse cuando uno encuentra la perfección en todas las vidas y fotos de los demás? Apenas abres Instagram o Facebook ya estás comparándote con las vidas que tus amigos, conocidos o desconocidos, muestran en sus redes sociales. Incluso en una conversación real, la gente habla, la gente aparenta. Es fácil compararte, sobre todo cuando las vidas plasmadas en la virtualidad parecen ser perfectas. Estamos acostumbrados a dudar de nosotros todo el tiempo. ¿Por qué?, ¿por qué no se nos ha acostumbrado a ser seguros de quienes somos o a estar tranquilos con la lentitud o la velocidad de nuestro proceso? A veces compararse con los otros puede ser provechoso si nos obliga a mejorar; sin embargo, yo pienso que uno puede estar mejorando constantemente, sin mirar de esa manera a las personas que no somos. Hay que aprender a mirar adentro y a reconocerse. Estamos muy mal acostumbrados a mirar sólo afuera.

Por mi trabajo, convivo mucho con jugadores profesionales de golf. Soy cercano a Lorena Ochoa, por ejemplo, y he jugado en el campo de Tiger Woods. Hace no mucho tiempo, vinieron a jugar al campo de la ciudad unas jóvenes jugadoras, ellas son mexicanas, pero juegan profesionalmente en Estados Unidos. Comimos juntos, y, durante esa comida, escuché que, en la conversación, alguien les decía: *vamos a encontrar a la próxima Lorena Ochoa*. Me preguntaron después mi opinión y no pude evitar ser sincero:

—Yo no quiero ver a la próxima Lorena Ochoa. Ese sitio ya está ocupado por Lorena Ochoa. Ninguna de ustedes es ni va a ser la próxima; cada una de ustedes es su propio nombre y eso es lo que deben ser, en eso deben enfocarse.

Luego, ya durante el juego, le pregunté a una de ellas, a Alejandra Llaneza, que es mi amiga y alguien a quien le patrocinamos su bolsa de golf:

—¿Quién es la número uno del mundo?

—Es Lydia Ko —me contestó bien segura.

—*Okay*, ya veo que no me entiendes. Voy a seguir jugando y a hacer como que no escuché tu respuesta.

Después de un rato, me le volví a acercar a Ale y le pregunté:

—¿Quién es la número uno del mundo?, ¿ya lo pensaste bien?

—Sí, es Lydia Ko, te lo juro. Hasta lo busqué en el celular. —No, Ale, es que ése es tu problema. Piénsalo bien, yo no te voy a dar la respuesta.

—Yo estoy segura de que es Lydia Ko.

—A ver, te voy a dar una pista. Pregúntame a mí cuál es la mejor empresa de golf de México, pregúntame.

—¿Cuál es la empresa número uno de golf de México? —me preguntó sonriendo, porque ya sabía lo que le iba a contestar.

—Es Tecnogolf. Por eso, si yo te pregunto quién es la primera golfista del mundo, tú dices...

—¡Soy yo!

—Correcto.

Terminamos de jugar y nos tomamos una foto juntos.

—¿Me la firmas? —le pedí.

Empezó a escribir su nombre...

—Pero ponle *Ale Llaneza, la número uno del mundo.*

—Ay, ¿cómo crees? —se rio.

—Es en serio. Cuando estábamos jugando tú dijiste que eras la número uno. Fírmalo así. Y acuérdate de eso. Ella sonrió y así firmó la fotografía. Noté una alegría distinta en sus ojos, algo así como un tímido brillo.

Ale Llaneza jugó en las Olimpiadas de Río, yo le mandé a hacer su bolsa con Tecnogolf, y en la bolsa le pusimos "Número 1" varias veces. Cuando se la di, le dije:

—Para que te acuerdes y, si en algún momento se te olvida, lo vuelvas a recordar cuando voltees a ver tu bolsa.

Unos días después me habló por teléfono la *manager* de Alejandra.

—¿Qué le dijiste a Ale? —me preguntó—. Se fue súper motivada y bien contenta.

Es que sólo así funciona, uno se la tiene que creer; lo crees y entonces eres. Sí, tal vez la mejor del mundo sea Lydia Ko, pero tú podrías ganar también ese lugar. Créetela, empieza por decirlo un día frente al espejo, luego al despertar, luego dilo más fuerte. Créetela, como te crees una sonrisa cuando estás triste o enojado. Si a mí me preguntan, yo contesto que no tengo competencia. No es por nada que todas las camionetas de Tecnogolf y vehículos tienen el número "1" en la puerta, porque eso somos.

Si quieres ser escritor, repostero, jugador de básquet o lo que sea, cualquier cosa que quieras ser, tienes que empezar de esa manera: cree que eres el mejor del mundo. El mejor en lo que sea que quieras ser. No es cosa de llevarlo en una bolsa o en una playera como recordatorio (aunque a veces está bien empezar así), es cosa de repetírtelo todos los días hasta hacerlo parte de ti y trabajar muy duro para lograrlo. Si no logras creer en eso en lugar de compararte, en lugar de pensar en todo lo buenos que son los demás y olvidarte de ti mismo, no vas a avanzar, jamás vas a subir ese escalón que te lleve al último nivel. ¿Por qué eres diferente? Porque lo crees: creo que soy el mejor, sé que *soy el número uno* y, desde el primer momento del día, cuando me despierto, lo demuestro. Es algo que yo ya sé, lo llevo en el rostro y en los movimientos de mi cuerpo. Tal vez falta que los demás lo sepan, pero tú ya lo sabes, eres consciente, has despertado: *soy diferente y soy el número uno. No hay nada ni nadie más, no tengo competencia.* Y en función de eso vas trabajando.

Si quieres correr 15 kilómetros en un maratón y no corres ni medio metro, pues entonces trabajas, te entrenas, practicas. Si quieres ser mejor escritor de lo que ya eres, entonces te pones a leer más, te metes a un curso, te pones a demostrarte a ti mismo lo mejor y lo distinto que ya eres, te capacitas para demostrarlo, para que los demás vean lo que tú ya sabes. ¿Por qué crees que yo estoy escribiendo este libro en este momento? Sólo es cuestión de tiempo para que los otros se enteren de eso que tú ya sabes y en lo que tanto has trabajado por conseguir.

Yo pienso que el segundo lugar es el primero de los perdedores. Si el objetivo es ser el corredor número uno, entonces trabajas para eso. Y sí, probablemente las primeras carreras no vas a llegar primero, vas a quedar en el lugar veinte o en el cincuenta, no lo sé, pero el secreto es trabajar para llegar al primero, al lugar que tú quieres llegar. Claro, ésa es la primera parte complicada; llegar al número uno y luego mantenerse ahí, no bajar. Debes ser muy objetivo contigo mismo, muy humilde y modesto, debes reconocer tus capacidades completas; no puedes esperar que, en tu primera carrera, te ganes la medalla de oro. Si quieres ser el mejor maratonista sabiendo que hoy no lo eres, te pones a trabajar hacia ello. Para ser el número uno hay que pagar un precio y ése es el trabajo, la dedicación y determinación para lograrlo.

Ante los desafíos que la vida nos presenta, no podemos conformarnos con las capacidades que ya conocemos o que creemos conocer de nosotros mismos. Debemos prepararnos y hacerlo con entusiasmo para descubrir lo que somos en realidad, lo que podemos lograr y crear. Nuestro punto de referencia no debe ser aquello que suponemos tener ya, nuestros conocimientos y capacidades aparentes, sino la fuerza en nuestro compromiso, porque la única manera de fracasar sería no levantarnos y no aprender después de una caída. La caída nos llenará de herramientas y capacidades que ni siquiera teníamos en cuenta; debemos seguir avanzando, cayéndonos y levantándonos. No se trata de mirar el lugar en el que caímos, sino el horizonte o la meta que nosotros mismos hemos marcado: *soy el número uno*. En su momento puede parecer una ilusión, algo intangible, y es que el horizonte es lejano y todo se ve borroso, parece un espejismo; sin embargo, esta "ilusión" que te has marcado siempre será lo más real, porque la vamos construyendo nosotros mismos.

La "ilusión" se va aclarando en cada paso que damos hacia ella. No importa la velocidad, no importa el tamaño de los pasos, el chiste está en ser constante en trabajar día con día hacia ese objetivo. Cada paso es una acción distinta que te acerca a tu meta, ¿me explico? Puede ser leer un libro, asistir a un curso, ir a terapia, terminar con una relación que no te está haciendo bien, hacer ejercicio, dormirte temprano, ir a trabajar todos los días y ser puntual. Todas estas acciones se vuelven parte de esa capacitación constante que necesitas, ese ir creciendo, ir aprendiendo, y sólo así alcanzarás tu meta. Porque hoy te propusiste ser el número uno en cualquier ámbito, no importa cuál, selo. Lo puedes ser... porque ya lo eres. No quiero decir que mañana vas a ser famoso o millonario, lo que quiero decir es que ya está marcada tu meta, ya sabes hacia dónde quieres ir, ya tienes identificado tu objetivo. Ahora sólo debes hacer todo lo que tengas que hacer para alcanzarlo.

Una metáfora que puede funcionar: imagina que sostienes una lupa frente al sol, ¿alcanzas a ver ese punto brillante que parece lejano? Piensa ese punto brillante como los esfuerzos para cumplir tu meta, esa constancia. La meta sería el fuego. Una lente de aumento sólo puede encender las llamas si el punto queda fijo para poder ir calentando poco a poco; si no se queda quieto en el mismo sitio durante un determinado tiempo, nunca encenderá la fogata. No disperses tus esfuerzos, que no desista tu constancia, sé paciente. Habrá dificultades todo el tiempo, pero si estás buscando prender un fuego, ésta es la única manera; porque nunca sabes en qué momento brotará la llama. Concentra todas tus energías en ese mismo punto fijo y brillante que es tu meta y, eventualmente, estallará la primera flama. Fíjate un pequeño punto brillante y hazlo estallar, luego enciende otro, luego otro, y así, hasta prender el punto más grande, tu propia riqueza, tu bienestar. Verás lo bien que se siente ir encendiendo fuegos en tu camino, todos los días si quieres. Aprenderás a ver de qué eres capaz.

Yo sé que los mexicanos somos buenísimos para eso, para decirte por qué no vas a poder, por qué todo mundo te va a mirar extraño, te va a criticar, incluso tu familia.

Un día, cuando ya tenía Tecnogolf, pero aún seguía trabajando con mi padre, me llamaron por teléfono. No recuerdo sobre qué era la llamada, no era importante. Lo importante fue lo que ocurrió después: atendí la llamada, era algún cliente, pero mi papá entró, me vio hablando por teléfono sobre mi otro trabajo y me dijo:

—Deberías poner atención en lo que realmente vale la pena. Probablemente este negocio algún día sea tuyo y tú no le estás poniendo atención. ¿No te das cuenta?

Yo recuerdo haberle contestado de manera abrupta y sin pensar. De pronto, teníamos nuestras discusiones mi papá y yo, y ese día yo estaba cansado, estresado y desvelado; sin embargo, recuerdo muy bien lo que le dije:

—Papá, yo ahorita soy el número uno de la ciudad, algún día voy a ser el número uno en México y otro día voy a ser el número uno en el mundo. Yo estoy invirtiendo mi tiempo, mi esfuerzo y mi dinero en algo porque estoy seguro de que Tecnogolf es mi futuro.

Eso fue hace quince o dieciséis años. Ni cuenta me di de lo que le contesté en ese momento fue una reacción muy instintiva hasta que mi mamá habló conmigo. Ella estaba preocupada por la pelea; yo le expliqué que no había sido una pelea, ni siquiera una discusión, sino que más bien yo tenía ya bien claro que eso era lo que me importaba, tan claro que lo contesté como si nada.

Dos años después de eso, más o menos, me separé de mi papá para dedicarme cien por ciento a Tecnogolf. De pronto, ya tenía la distribución de *E-Z-GO* para todo México y hoy Tecnogolf es la única distribuidora de esta marca. Desde esa respuesta, todo por esa conversación que tuve con mi padre. Si te soy sincero, me temblaban las patas, primero, cuando me di cuenta de la respuesta que le había dado a mi papá y luego cuando decidí atreverme a dejar su negocio y emprender el mío. Es lo mejor que he hecho. Debo confesar que, con mucho miedo, pero también con mucha seguridad, porque el fracaso no era una opción y hoy puedo decirlo con más certeza que en aquel momento. Levanté la voz porque necesitaba escucharme y no sólo para que él me entendiera; esa voz tan fuerte que me salió del alma me despertó a mí. Esa respuesta no fue para mi padre, fue para mí, para recordarme lo marcado que estaba ya mi camino.

Así va a ser y hay que estar preparados. Debes tener en cuenta siempre a los demás, en efecto, pero siempre de manera objetiva, sin perder tu propio juicio; aprende a escuchar con el discernimiento para reconocer lo que te hace bien y lo que no. Debes prestar atención únicamente a los comentarios y a las opiniones que enriquezcan tu propio beneficio, sabiendo que incluso de las críticas se puede aprender. Muchos amigos, incluso familiares dudarán de tu visión, la van a cuestionar, quizá hasta se rían. No importa, es parte del reto. Las voces que escuches más fuerte deben ser las que te hagan crecer y desarrollarte, porque estamos muy acostumbrados a oír más fuerte el exterior que nuestros adentros. Todo mundo va a juzgarte todo el tiempo, incluso tú vas a hacerlo y, a veces, tu propia voz será la que te desvíe de tu camino. Por eso es bueno repetirte alguna frase, así como la mía (y ahora la de Alejandra Llaneza), que es *soy el número uno y no tengo competencia,* quizá la tuya pueda ser otra. No importa cuál, lo importante es que te guíe, que te empuje y te proyecte.

El desarrollo personal es el esfuerzo voluntario de aprovechar, en su totalidad, los recursos potenciales que tenemos como personas, aumentando de esta manera la capacidad de adaptarnos a los cambios y circunstancias que pueden afectar nuestras vidas. Este desarrollo enriquece nuestros procesos naturales y amplía nuestras conciencias; nos abre los límites de la libertad que tenemos para tomar decisiones y nos hace responsables tanto de ellas como de las relaciones hacia los demás. Se trata de estar tranquilo con uno mismo y, cuando uno está tranquilo con lo que es, entonces también está tranquilo con su entorno personal y laboral. Si gozamos de salud y de equilibrio emocional, entonces estamos más cerca del éxito y de la productividad.

El desarrollo personal es un proceso, porque eso somos. Todos y cada uno de nosotros, al ser personas inacabadas e incompletas, somos un proceso, desde nuestro nacimiento y hasta la muerte. Siempre estamos en el proceso de desarrollarnos. Este capítulo de mi libro tiene como propósito incrementar la calidad de vida, mejorarla en todas las áreas personales, física, sentimental, profesional, intelectual, interpersonal e intrafamiliar, etc., y obtener, para luego cumplir, nuestras metas personales.

Para crecer y desarrollarse personalmente deben trabajarse las áreas que mencioné anteriormente. En el aspecto emocional y sentimental es importante trabajar con las situaciones del pasado, traumas emocionales, rencores, resentimientos, miedos, etcétera, porque interrumpen el desarrollo; es fácil atorarse en problemas que parecen no tener solución. Si uno guarda resentimiento es muy difícil avanzar. En el aspecto intrafamiliar, muchas veces se debe luchar en contra de la corriente para crecer, muchas veces se debe ir en contra de los hábitos y costumbres familiares. Puede que sea necesario irse de casa o enfrentarse con nuestros padres para solucionar alguna situación. La base familiar es fundamental en el desarrollo personal, sin ésta, no somos ni seríamos. Aquí es en donde empieza nuestra educación, es el primer apoyo, la primera piedra de nuestros cimientos, el primer paso del camino. Porque la familia es como una mesa: se le rompe una pata y se cae entera.

Sé que podría parecer —por lo que he relatado durante estas primeras páginas— que la relación que tengo con mi padre es un poco frágil, pero no. Podemos tener nuestras diferencias como cada padre e hijo, cada madre y cada hija, pero fue mi padre el primero en demostrarme su apoyo, porque creyó en mí, en mi capacidad de trabajo; él fue mi jefe y yo su empleado por más de diez años. Sin mi padre, yo no estaría dónde estoy, sin la oportunidad que me brindó desde el principio y sin el apoyo tanto de mi madre como de mi hermana, puedo decir, con seguridad, que no sé qué sería de mí. Por eso lo digo con tanta fuerza: la base familiar es la primera, la más poderosa e importante. Mi padre me enseñó a ser puntual, a comprometerme y a ser disciplinado para alcanzar todo lo que me propusiera, me inculcó el valor de la constancia, del compromiso y del trabajo.

Aprovecho este pequeño apartado para aconsejarte que cierres los ojos y pienses en tus papás, en todo lo que te han dado: agradécelo, no estarías aquí sin ellos. Agradéceles, si no con tu voz, con tus acciones, con la persona que eres y puedes llegar a ser. Es verdad que no escuchamos a nuestros padres decirnos lo orgullosos que están de nosotros tanto como nos gustaría, pero lo están; te lo digo con certeza. Tus padres están orgullosos de ti, sábelo y créelo, pero honra su orgullo trabajando en ti, desarrollándote como la persona que hoy eres y que en un futuro serás, siempre buscando ser tu mejor versión.

Es fácil guardar resentimientos, lo comprendo. Tus padres serán siempre tanto tu primer contacto con el amor como lo serán también con el dolor; la razón de tu primera lágrima y de la primera sonrisa. Yo, como padre, puedo decir que nunca se tiene la intención de lastimar a un hijo, pero es inevitable, es parte del aprendizaje de ambas partes; es lo mismo que, como hijo, entendí y ahora, como padre, comprendo. Por eso, cada una de las partes implicadas debe trabajar en sí misma, aprender a identificarlo todo como parte del mismo proceso y desarrollo personal: todos y cada uno de nosotros debemos aprender del dolor, de nuestro primer llanto, porque eso también nos configura como las personas que pretendemos llegar a ser. Si hacemos el ejercicio de recordar cómo nos hirieron nuestros padres o cuál fue el primer regaño, estoy seguro de que cada uno compartiría una memoria distinta: el dolor siempre será distinto y el aprendizaje, también. Una vez más te lo recuerdo: *porque eres diferente.*

Cada proceso es tan diferente como personas hay en el planeta: con algunas personas es más tardado, con otras, más rápido. Lo importante es que se haga, que se trabaje, que se crezca. Uno de los requisitos para alcanzar la madurez — por lo menos la emocional— es ser empático: saber perdonar y dejar ir. Esto es algo que debemos no sólo recordar, sino ejercitar todos los días.

Será fundamental, para nuestro íntegro desarrollo, también trabajar el aspecto intelectual todo el tiempo. Hace unas páginas dije que yo no escuchaba música cuando viajaba; en mis audífonos se escuchan voces sin guitarras, sin melodía: los discos que traigo en mi auto son conferencias, son lecciones, son libros. Yo sigo estudiando sobre los temas que me interesan, que me atañen, me capacito constantemente: siempre estudiando, siempre buscando superarme. Lo mismo en el caso de Tecnogolf. Al ser éste mi negocio, es como una extensión mía. Un negocio se muere si no crece y la única manera de hacerlo crecer es trabajándolo. Por esta razón —y porque la gente con la que trabajo es como una segunda familia— es que los capacito como hago conmigo todos los días: tomamos cursos, vamos a conferencias y a talleres.

No es por nada que llevo varias copias de mis libros favoritos en la guantera de mi carro: se los regalo a cada persona que necesite un consejo, a cada empleado mío que esté pasando por alguna situación complicada, porque, para mí, esos libros son un lugar seguro al que siempre puedo volver. Por eso los regalo, yo pienso que no hay mejor regalo que la educación o el conocimiento; los leo y cada lectura me deja una enseñanza nueva.

A veces viajo y, cuando me doy cuenta, ya estoy recitando una u otra frase en mi cabeza como si fuera la letra de alguna canción que escuché mil veces. Cada escuchada o cada leída es refrescante, me alivia, me calma. A veces recuerdo cosas que ya sabía y siempre me asombra un nuevo entendimiento. Espero que este libro se vuelva un lugar seguro también para ti. De lo que hablo es que el intelecto debe ser constantemente estimulado, lo mismo ocurre cuando vas a un curso, a un taller, a una conferencia. El conocimiento es una de las herramientas que nos proporciona más ventajas, más recursos para nuestro desarrollo como individuos. Mientras más sepamos más oportunidades podremos encontrar para crecer. Y es que el mundo te brilla de una manera distinta después de haber leído un libro, ¿no es verdad? Y cuesta, claro que cuesta, pero es el precio a pagar si uno quiere mejorarse, porque ese trabajo será remunerado con nuestro propio crecimiento y no hay nada mejor que eso.

Trabajar en nuestro desarrollo profesional es también de suma importancia. Es a raíz de este tema que surgió en mí la necesidad de escribir este libro, porque es sobre todo este aspecto el que siento que ha quedado un poco descuidado por los jóvenes últimamente. No sólo yo, muchos amigos míos han discutido conmigo este mismo asunto como señalé en la introducción. He notado, de un tiempo para acá, la rotación constante entre los jóvenes que he contratado. Son empleados, capacitados y, después de dos o tres meses, renuncian. Alguna vez nos ocurrió que algún empleado renunció después de unas horas... Puede parecer gracioso, es risible, pero no debería serlo. Yo pienso que es un asunto que debemos tomar con seriedad por todo lo que he mencionado con anterioridad, porque ustedes, jóvenes, son el futuro. ¿Qué está pasando?

Será que no soy yo nadie realmente para decir qué ocurre y por qué pasa, pero pienso que se puede analizar, que se puede meditar sobre el asunto. Es lo que debemos hacer. ¿Por qué los jóvenes no ven crecimiento a los dos meses de entrar a trabajar en una empresa, ¿qué clase de crecimiento quisieran?, ¿qué necesitan?, ¿cuál es realmente el problema?, ¿de dónde surge? No lo pregunto sólo porque a mí, como negocio, me llega a afectar esta falta de constancia o de compromiso, lo pregunto porque a ti, como persona, también te afecta.

En el caso de Tecnogolf, puedo decir que, si bien cuento con colaboradores que han trabajo conmigo más de cinco años, ha ocurrido, de un tiempo para acá, que muchos jóvenes renuncian a los dos meses de haber entrado, incluso horas (como mencioné anteriormente). Por supuesto que hago las preguntas pertinentes al momento de entrevistar a los candidatos, pero es difícil prever quién renunciará en un mes y quién lo hará en un año; esto no es algo que se pueda evitar desde el puesto que yo ejerzo en Tecnogolf. Por más exhaustivas que sean las entrevistas, sólo se puede aprender y lidiar con ello; sin embargo, como he dicho antes, debemos reflexionar sobre el asunto, tratar de cambiarlo desde un enfoque distinto y no para mí ni por mi empresa o las de mis amigos, sino para ti como persona.

El no poder mantenerte ni seis meses en el mismo puesto, esa necesidad de movimiento, esa "búsqueda de crecimiento" que algunos claman tener. Yo puedo asegurarte que no vas a crecer de la manera que esperas si no buscas la constancia, si no encuentras el compromiso que te haga avanzar hacia aquello que buscas. Tanto movimiento, tanta fluctuación termina por volverse irresponsable y esta indecisión nos afecta a nosotros tanto como a ustedes. Es sobre este punto que yo quisiera crear conciencia, abrirnos a la posibilidad de un debate. Por eso te escribo de esta manera. ¿Por qué ocurre?

En primer lugar, defino el desarrollo profesional como la oportunidad de crecimiento que nos brindan nuestras virtudes, dones y talentos. Éstas son las herramientas individuales que podemos emplear, no sólo para nuestro crecimiento, sino para nuestro conocimiento interno. Hablo de que debemos preguntarnos quiénes y qué somos, cuáles son las herramientas con las que contamos, nuestros talentos, virtudes y habilidades, qué profesión queremos seleccionar para luego ejercer y qué queremos hacer en un futuro con nuestras vidas. ¿Estamos o no estancados profesionalmente?, ¿hacia dónde se dirige nuestra vocación?, ¿hacia dónde nos está llevando nuestra esencia individual?, ¿hacia dónde nos está llevando nuestro esfuerzo profesional? En este aspecto debemos cuestionarnos también nuestros valores.

Yo quisiera hablar sobre la puntualidad, el compromiso, la integridad y la constancia, porque nuestros principios o falta de ellos, también afectan nuestro crecimiento personal: ¿cuáles son los valores y los principios que nos permiten crecer y cuáles, los que no nos dejan avanzar?

Puntualidad

La puntualidad es una cualidad adquirida por los seres humanos, es el cuidado y la capacidad de coordinarse cronológicamente para cumplir una tarea o una obligación antes de un plazo anteriormente establecido con otra persona o con uno mismo, ya sea que se trate de una hora acordada o de una fecha.

El valor de la puntualidad varía de acuerdo con la cultura y el contexto; un retraso de cinco o veinte minutos, dependiendo de las circunstancias, puede o no ser tolerable; sin embargo, la impuntualidad es una falta de respeto para con el otro invariablemente. Ser puntual es ser consciente y considerado con las otras personas, es un valor que, además, nos otorga carácter, orden y eficacia. Si hacemos parte de nuestra personalidad esta virtud, podremos vivir más plenamente y tener las condiciones para realizar más actividades a través de la planificación y la organización, desempeñar mejor nuestras labores y ganarnos la confianza de los otros, porque tampoco es sano estresarse por estar llegando tarde siempre, incluso puede ser peligroso.

Existen personas con problemas de puntualidad; es una disciplina que puede o no ser fácil de adquirir, depende de cada uno de nosotros. Por ello, como remedio, pueden usarse instrumentos o trucos, ya sea un reloj de pulsera o un celular; a algunos les funciona adelantarlos unos minutos o poner distintas alarmas para evitar llegar tarde. La puntualidad es poco habitual en la vida cotidiana — dado que es una disciplina y no todos la procuran—, pero, con el paso del tiempo y las experiencias, puede lograr alterarse esta idea o la falta de puntualidad, sólo es necesario quererlo y trabajar de manera consciente en ello. A veces, ayuda concentrarse totalmente en la actividad que estamos realizando, sea la que sea, pues divagar o distraerse no nos permite aprovechar el tiempo y, por eso, lo sentimos resbalarse de nuestras manos. Examina en ti las causas de tu impuntualidad —puede ser pereza, desorden, irresponsabilidad, distracción, etcétera— y luego establece un medio adecuado para solucionarlo: reduce distracciones y descansos a lo largo de tu día, levántate más temprano, acomoda tu despertador más lejos, planea qué ropa te pondrás desde el día anterior, pon recordatorios en distintos lugares de tu casa.

Son muchas las soluciones para un solo problema. La cuestión no es decir "seré puntual a partir de mañana", porque es un retraso más, hazlo hoy, ahora mismo. Para crecer y darle firmeza a tu carácter, empieza a trabajar en este valor tan importante como todos los demás. Establece de manera correcta tus prioridades, aunque a veces sean cosas que no te gusten o no quieras hacer como despertar temprano o dejar inconclusa una serie de Netflix. Ser puntual no es sólo para ti, es también para los demás, te vuelve digno de confianza, respetuoso y responsable.

Compromiso

La palabra *compromiso* se utiliza para describir una obligación que se ha contraído, una promesa, una palabra ya dada, es una declaración de principios. Una persona se encuentra comprometida con algo cuando cumple sus obligaciones, con aquello que se ha propuesto o que le ha propuesto a alguien más o que le ha sido encomendado; una persona comprometida es alguien que vive, planifica y reacciona de manera acertada y asertiva para sacar adelante un proyecto, un trabajo, los estudios, la familia y los amigos.

Para que un compromiso exista, es necesario el conocimiento previo sobre lo que se está cumpliendo; no podemos mantener un compromiso si desconocemos los términos y las condiciones que éste supone. Se trata de tomar conciencia sobre la importancia que tiene cumplir con el desarrollo de un trabajo dentro del tiempo estipulado para ello. Cuando nos comprometemos, usamos al máximo nuestras capacidades para sacar adelante dicha tarea, teniendo en cuenta que conocemos las condiciones que estamos aceptando y las obligaciones que éstas conllevan, ya que suponen el esfuerzo permanente hacia el objetivo planteado.

Un compromiso puede ser sinónimo de acuerdo en el ámbito que sea, engloba las responsabilidades de todas las personas que componen una sociedad y las capacidades que poseen como grupo. Se trata de una virtud fundamental para que exista la colaboración de todos los ciudadanos, implica el cumplimiento de las leyes, una predisposición para con el desarrollo colectivo y el beneficio de la comunidad de la que se forma parte con el fin de vivir en orden y armonía.

Un compromiso es implicarse al máximo en una labor, es poner todas las capacidades para llevar a cabo una actividad o un proyecto y así aportar con esfuerzo al funcionamiento de un grupo, sociedad o empresa. Puede ser similar a una promesa, pero en el compromiso se asume la responsabilidad por los efectos de no cumplirse; la credibilidad de la palabra empeñada se pone en juego.

El compromiso es un valor que debe existir acompañado de otros para que el individuo logre todo aquello que se ha planteado y crezca como persona. Se trata de proyectar el proceso que debe seguirse de manera constante para cumplir con los objetivos propuestos y poder llevarlos a cabo, como si cada una de las partes que compone al organismo de una persona se alineara hacia el objetivo con el cual se ha comprometido, brindando cada una las herramientas necesarias para lograrlo. Es un valor que le permitirá crecimiento y desarrollo a la persona que logre cumplirlo, le brindará también el aprendizaje de distintas habilidades y herramientas en el proceso, lo que generará un efecto positivo de seguridad y confianza en las demás personas y en sí mismo una vez que el compromiso haya sido completado en su totalidad.

Constancia

La constancia es la prueba que nos conduce a llevar a cabo lo necesario para alcanzar las metas que nos hemos propuesto sin importar las dificultades externas o internas, la falta de motivación, la impaciencia, los obstáculos o el tiempo que ésta dure. La constancia es una virtud sustentada por el trabajo, la voluntad y el esfuerzo continuo e inquebrantable, la perseverancia, en la determinación de hacer una cosa y el modo de realizarla. Es la actitud o predisposición de nuestro ánimo para con un propósito, ya sea en nuestras decisiones o en nuestras acciones.

Durante nuestras vidas —desde nuestros primeros años y hasta los últimos— se nos han de presentar constantemente desafíos que nos exigirán cierto trabajo y cierta dedicación mayores a los que pudiéramos dedicarles a nuestras acciones cotidianas para llevarlas a cabo y será a través de éstos que lograremos moldear ese rasgo tan importante para una personalidad, aquella que define nuestra disposición para esforzarnos y alcanzar nuestras metas.

La constancia es practicada por pocas personas, no todos la tienen ni de la misma manera; no es una virtud común, pero puede decirse que es uno de los pilares del éxito y, por eso, se entiende que no todos la ensayen.

Siempre que nos enfrentemos a una decisión, tendremos que enfrentarnos también a las dificultades variables que cualquiera de nuestras elecciones conllevan y será justo ahí donde entrará en juego la constancia, será el punto en que se ponga a prueba para evitar que las complicaciones se hagan más grandes y se conviertan en un impedimento para alcanzar nuestro objetivo.

Para evitar que los obstáculos nos derriben será necesario cumplir con ciertas condiciones; por ejemplo, el interés genuino por la causa, si ésta no nos inspira o conmueve, el trabajar durante el tiempo que debamos trabajar puede convertirse en una pesadilla. También es importante ser pacientes e indulgentes con nosotros mismos y aprender a concentrarse en el proceso siempre más que en el resultado (aunque sin perderlo de vista), sabiendo que lo único necesario para alcanzar una meta es seguir el camino. Dar ese primer paso y luego el segundo hasta llegar a tu objetivo aumentará la confianza en ti mismo, te dará estructura y fuerza. Recuerda que no son siempre los más inteligentes o los más talentosos los que alcanzan sus metas, sino aquellos que poco a poco, a pasos de hormiga (pequeños pero insistentes), resisten cualquier inconveniente.

Cualquier habilidad o cualidad nuestra puede cambiarse y puede trabajarse. Muchas veces, terminamos creyéndonos aquellas frases que tanto nos han repetido sobre nosotros, esas ideas o creencias que los demás piensan de nosotros; sin embargo, la opinión de una persona no deberá dictar lo que hoy somos y mucho menos lo que podemos llegar a ser. Cualquier cosa que quisieras cambiar sobre ti mismo es posible. Hazlo, cambia tu idea sobre ti mismo y créetela para así empezar a ser constante y repítelo todos los días. Un hábito se forma como resultado de una acción que repites frecuentemente, reforzada por una consecuencia positiva, normalmente, pues es la constancia, más que el trabajo duro, lo que marca la diferencia.

Integridad

Integridad significa intacto, entero, no tocado o no alcanzado por un mal. Digamos que es la pureza original, no contaminada ni por un mal ni por un daño físico o moral. La integridad es el estado de lo que está completo, de lo que tiene todas sus partes intactas, la totalidad, la plenitud. Este valor engloba a los que previamente describí, podríamos decir que es el más importante, porque es el último, se refiere a la total o amplia gama de aptitudes poseídas; es la relación armoniosa entre cuerpo, mente y espíritu. Después de que uno hubo trabajado y mejorado su puntualidad, su compromiso y su constancia, es que empieza a lograrse la integridad.

Se trata de un valor y una cualidad de personas rectas y honradas en su conducta y comportamiento en general; es parte de alguien que es educado, honesto, estable emocionalmente, que mantiene el respeto por sí mismo y por los demás, que es responsable, firme en sus acciones, leal y atento. En pocas palabras, es ser alguien en quien se puede confiar.

La integridad moral condiciona y da autoridad a la persona para tomar decisiones sobre su comportamiento y resolver los problemas relacionados con sus acciones. Se relaciona con los pensamientos, los comportamientos, las ideas, las creencias y la forma de actuar de cada individuo; es la vida en concordancia con nuestro estado de conciencia más elevado. Es también el comportamiento de la persona para hacer lo que debe hacer. Se trata de una característica de alguien cuyo comportamiento podríamos, incluso, predecir, pues se sabe que juzgará siempre la forma de actuar más correcta, nunca por su conveniencia y jamás afectará o dañará los intereses de los otros. Sócrates dice que la integridad moral se logra a través del saber, algo que el ignorante no puede poseer, siendo éste incapaz de percibir el bien.

La integridad no supone la perfección, sino la intención de ser fiel a uno mismo según el marco de referencia del propio código ético. No se trata de manejarse como otra persona —a la que uno admira, por ejemplo— o de tomar a otro como modelo de comportamiento sólo por los resultados que obtiene, porque muchas veces hacer lo que hace el otro para alcanzar los mismos resultados representa la supresión de los principios propios, la eliminación de los genuinos valores y ello puede, incluso, representar la pérdida de la dignidad. Una persona íntegra, por definición, es alguien que emprende, que inicia; no alguien que sigue a los demás, porque vive con tal fortaleza en su espíritu que permanece fiel a sus principios. Es alguien que puede modificar cómo se hacen las cosas, saber cómo deben de ser y así crear el ambiente adecuado para alcanzar los objetivos que se ha propuesto. Es aquel que pone primero en práctica sus ideas y después puede predicar a los demás lo que ya realiza; predicar con el ejemplo y cumplir con los principios postulados.

En una sociedad en la que se han perdido ciertos valores y en la que crece la desconfianza, la falta de compromiso, la integridad es un desafío impresionante, ya sea en la familia, en el trabajo o los negocios, en las relaciones amorosas o de amistad, etcétera. El desafío radica en que su carácter es total; la integridad no admite puntos medios: uno no puede ser íntegro sólo en algunas cosas, la persona debe extender su comportamiento y sus acciones a todas las situaciones de las que participa. Si bien la integridad no es la perfección, es uno de los valores más cercanos a ésta; es una de sus avenidas más directas, pues implica un alto grado de madurez a nivel ético y espiritual que afectarán siempre positivamente a la persona, a sus circunstancias y a todo su entorno.

La respuesta a la doble moral que maneja, actualmente, nuestra sociedad es la integridad. En estos tiempos en los que las personas actúan sólo para su conveniencia y de maneras relativas, donde existen aquellos que dicen algo, pero demuestran lo contrario con sus acciones o aquellos que evitan toda clase de compromiso serio con los demás, con su trabajo, consigo mismos, etc., la respuesta para erradicar tales prácticas está en la búsqueda por el bien más elevado; no es el camino fácil, porque implica esfuerzo constante y diario, conlleva la toma de conciencia.

No todo mundo está dispuesto a pagar el precio que requiere la integridad; sin embargo, cuando se transita ese camino, uno descubre las ventajas que nos ofrece: somos confiables, somos valientes cuando vivimos de acuerdo con nuestros principios y con nuestra conciencia. Si logramos atravesar cada uno de nuestros días de manera íntegra y empapar todas nuestras acciones de esta virtud tendremos la capacidad de vivir siempre en sintonía y armoniosamente. La paz que la integridad te brindará en tu conciencia, en tu mente y en tu persona te permitirá avanzar hacia tus objetivos con total seguridad. Tu empeño por ser mejor persona cada día te llevará hacia el éxito personal y profesional. Siguiendo tus convicciones sin dudar, orgulloso de ti mismo, teniendo fe en la construcción de ese camino que tú mismo te has propuesto, sabiendo que eres invencible, este valor te garantizará tanto la plenitud como la felicidad sin grietas, íntegro.

El conjunto de normas y costumbres que son transmitidas por la sociedad al individuo son los valores y representan la forma correcta de actuar porque nos permiten diferenciar entre lo bueno y lo malo, lo correcto y lo incorrecto, así como lo justo de lo injusto. Se nos enseñan desde la temprana infancia y van siendo reforzados durante toda nuestra vida; ellos estarán determinados por nuestras circunstancias. Son fundamentales para lograr la armonía en la sociedad y dentro de uno mismo. Los valores éticos están constituidos como normas o pautas para regular la conducta de los individuos y los valores morales se refieren al conjunto de prácticas o costumbres de una sociedad.

Los valores éticos son guías de comportamiento que regulan la conducta humana para lograr un bienestar colectivo, una convivencia amena y pacífica dentro de la sociedad. Estos valores demuestran la personalidad del individuo, una imagen positiva o negativa como consecuencia de la conducta, las convicciones, intereses y sentimientos de la persona. Los valores humanos son el conjunto de virtudes poseídas que determinan el comportamiento y la interacción con otros dentro de un espacio, son aquellas acciones que se consideran correctas y establecen las reglas para lograr una buena convivencia. Estos valores establecen y regulan las acciones de cualquier persona, sobrepasan las barreras tanto culturales como sociales y buscan generar el bienestar general e individual cuando se ponen en práctica.

Lamentablemente, en la actualidad existe una crisis y pérdida de estos valores, ésta es mi más grande preocupación porque afecta de manera negativa a la humanidad, no sólo al individuo o a la gente que lo rodea; trastoca todas sus relaciones sociales, ya sea su familia, sus amigos o su espacio de trabajo. Los valores humanos son aquellos que nos guían permanentemente en nuestras acciones y decisiones, en nuestras prioridades vitales y los cuales, colectivamente, nos ayudan a avanzar como sociedad, pero también a crecer como personas. Estos valores son los pilares de la humanidad, nos construyen como personas y nos proporcionan una manera de estar en el mundo.

Nuestro crecimiento está directamente ligado a la manera en la que nos relacionamos con el mundo que nos rodea; la forma en la que nos conducimos es una manifestación de nuestro desarrollo y nuestra madurez personal: primero, cómo nos relacionamos con nuestro mundo y, segundo, cómo lo interpretamos, la manera en la que analizamos las situaciones difíciles de nuestras vidas y cómo las resolvemos. Nuestra visión sobre cada cosa que nos ocurre es un reflejo de nuestro mundo interior; esta visión estará en continuo crecimiento, así como lo estamos nosotros como personas. Debemos cuidar que nuestra visión no se estanque nunca, es parte del continuo aprendizaje, del continuo estudio.

La forma de solucionar nuestros problemas y afrontar conflictos será también producto del grado de madurez y de nuestro crecimiento personal; en el mejor de los casos, desarrollaremos la capacidad de resolver problemas sin conflicto y sin problema. Habrá muchas cosas que no sepamos cómo solucionar y muchas veces ni siquiera podremos pedir ayuda, habrá situaciones que se salgan de nuestro control y debemos aprender a sobrellevar estos asuntos. En cómo respondemos, veremos reflejado nuestro nivel de crecimiento, en cómo abordamos y en cómo desciframos cada situación que se nos presenta a lo largo de nuestras vidas, porque esto es algo que nunca dejará de ocurrir. Nuestro proceso de crecimiento estará siempre lleno de interrogantes, de dificultades y de contratiempos, pero nuestra visión y capacidad, nuestro trabajo en nosotros mismos, nuestro estudio y madurez, serán las herramientas que nos ayuden a responder y a resolver cada inconveniente que se nos presente.

El crecimiento está condicionado a la manera en la que nosotros, como individuos, decidamos comprometernos con nosotros mismos. La verdadera pregunta es *¿estamos comprometidos realmente con nuestro propio crecimiento?* Sabiendo que nuestro crecimiento personal está conectado directamente con nuestro desarrollo profesional, ¿por qué hacemos lo que hacemos? Y me refiero a esta falta de compromiso, porque uno no puede estar comprometido consigo mismo si no está comprometido con su entorno, con su trabajo, con su proceso. Está bien, escogiste mal el primer trabajo en el que te contrataron y decidiste renunciar un mes después, se vale, pero es algo que no puedes estar haciendo todo el tiempo. No puede ser que tu única constante sea la inconstancia, ¿quién va a confiar en ti? Pero, más importante todavía ¿cómo confiarás tú en ti mismo?

La integridad se traducirá en honradez, honestidad, respeto hacia los demás y hacia uno mismo, responsabilidad, control emocional, puntualidad, lealtad, pulcritud, disciplina y congruencia en las acciones. En general, podríamos decir que se trata de alguien en quien se puede confiar. Algo que todos queremos ser, creo yo. Integridad es tomar el camino de nuestra propia verdad, hacer lo correcto por las razones correctas, siempre de la manera correcta; significa la totalidad de una persona, su cuerpo y su dimensión moral, su forma de ser y sus valores; las caras que forman una figura. La persona íntegra es aquella que actúa según sus principios y se mantiene firme a sus promesas y a sus ideas, incluso en situaciones difíciles o demandantes en su vida diaria. Esto se traslada o debe trasladarse a cualquier aspecto y a cualquier ámbito en nuestro desarrollo personal, porque le estamos apostando a nuestro crecimiento, a nuestro bienestar.

Por eso pienso que no es válido dejar un trabajo después de dos meses con el pretexto de no haber visto crecimiento, porque el crecimiento no es instantáneo en un empleo, no toma dos meses, a veces no será claro ni aunque hayan pasado seis meses. Para ver crecimiento uno debe ser constante y dedicado, y es claro que aquí no me refiero sólo al trabajo o al desarrollo profesional, ¿cuánto toma que crezca una flor o un árbol? En tres meses podrás notar sólo unas nuevas hojitas, alguna nueva rama. Los procesos se alimentan de eso, de tu tiempo, tu compromiso y tu dedicación, porque — repito— el crecimiento está en un mismo. Uno decide de qué manera ve el mundo, de qué manera se levanta todos los días a las seis de la mañana para tomar el metro e irse a trabajar. Por supuesto que la rutina puede efectuarse con el peor humor (y una persona como yo que se desvela y madruga todos los días lo entiende muy bien), pero también puedes decidir levantarte con una sonrisa (o írtela fabricando durante el día), convenciéndote poco a poco, sabiendo que ese despertador es parte de tu proceso de madurez, es parte de lo que necesitas para construir tu camino: constancia. Por más que quieras acostarte todos los días a ver Netflix o a *scrollear* tu Instagram, debes regresar a la vida real. Nuestras vidas siguen habitando en lo tangible, no en lo virtual, por ahora.

Porque, —y de nuevo— el secreto está en la manera de mirar las cosas: ¿qué nos anima?, ¿qué nos impulsa?, ¿cuál es nuestro motivo para hacer lo que hacemos?, ¿cuál es la razón por la que nos frenamos o nos convencemos de no actuar? La falta de compromiso con uno mismo puede reflejarse en la procrastinación, en el no hacer o en el dejar de hacer, en la inacción. Y puede que no sean hábitos ni buenos ni malos, siempre tenemos que ejecutar las tareas que nos acerquen a nuestras metas y objetivos, no las que nos alejen de ellos.

Hay que estar seguros de que nuestra inacción no traiga peores consecuencias que nuestra acción al respecto. Pongamos como ejemplo mi preocupación inicial, el detonante de este libro. Digamos que te contrata una empresa porque estuviste enviando currículums como loco, vas a unas cuantas entrevistas y, de pronto, te llaman de algún empleo; tienes que trabajar para alguien, ¿*okay*? Pasa un mes y sientes que no has crecido de ninguna manera, ¿sigues trabajando o renuncias?

En el caso de que el empleo que recién tomaste te aleje de tus propósitos últimos, qué bueno que renunciaste, pero, ¿si más bien te acercara? En ambos casos actuarás a favor de una o de otra, dependiendo de tu autorreflexión. La inacción te puede dar perspectiva acerca de todas las barreras y conflictos que te impiden tomar acción; el decidirte a tomar acción te demostrará qué es lo que te impulsa y te motiva, cuáles son tus razones y principios para ejecutar cada cosa que te propongas. Cualquiera de las dos es sólo un reflejo de la mentalidad, actitud, valores y sentimientos que tengas frente a la idea de realizar o no realizar algo que no estás tan seguro de querer. Muchas veces (o la mayoría de ellas), la inseguridad en nosotros mismos es bastante fuerte: el sentirse inadecuado o incapaz de lograr algo, de terminar con la tarea, de poder hacerla bien. Nos da miedo el fracaso, sobre todo cuando has escuchado toda tu vida las dudas, las críticas y los comentarios de las demás personas; a veces nos parece que el mundo es un lugar demasiado difícil y exigente para lo pequeños e insignificantes que somos nosotros si recordamos nuestro sistema solar y luego el universo.

Los verdaderos obstáculos para alcanzar nuestro más grande potencial son nuestros miedos e inseguridades. ¿Sabes cuáles son?, ¿realmente te has puesto a pensar en cuáles son los miedos que te frenan y cuáles son esas inseguridades que te gritan todo el tiempo en tu cabeza? Todos tenemos miedos, incluso a los cuarenta y tantos nunca dejamos de tenerlos. Algunos son pequeños como el miedo a las arañas; sin embargo, existen los miedos grandes, los miedos que son más grandes que un tiburón o que la caída de un avión. Estos miedos son aquellos de los que no somos conscientes, aquellos que hemos entendido como fortalezas, pero que no son más que una mala jugada de nuestro subconsciente para frenar nuestro potencial diario.

Siempre escuchamos cómo le tenemos miedo a lo desconocido, el mar profundo, una gruta, el universo... En este caso, lo desconocido somos nosotros mismos. Le tenemos miedo a aquello que no conocemos en nosotros mismos, a nuestra grandeza, a todas nuestras capacidades y a la riqueza cabal y plena. Tu yo consciente quiere ser feliz, quiere ser independiente emocional, profesional y financieramente, pero tus inseguridades te engañan, pretendiendo convencerte de lo difícil que es llegar a cumplir tus metas y tus objetivos, te hacen pensar en lo complicado que sería alcanzarlos; tu inseguridad te frena cuando notas cuánta gente tiene ya eso que tú quisieras y te recuerda todas las razones por las que no lo tienes tú. Y entonces da miedo, da miedo alcanzarlo porque no sabemos realmente cómo será si un día lo tenemos, ni siquiera podemos tener la certeza de llegar a obtenerlo. ¿Por qué crees que muchos le tengan miedo al amor? (Yo no le tengo miedo, llevo casado más de veinte años y tengo dos hijos) Es porque el amor es un sentimiento desconocido para la mayoría, siempre se nos presenta de manera desfigurada, no sabemos en realidad qué es ni cómo es.

Ahora que somos adultos (porque sí lo somos) y estamos conscientes tanto de nuestra mortalidad como nuestra existencia, ¿a qué le tenemos miedo? Porque descubrimos que adentro de la oscuridad no hay nada, que los fantasmas no habitan en las casas viejas o en las carreteras, porque nos hemos enfrentado a la noche todos los días de nuestras vidas después de cada atardecer; conocemos bien la oscuridad porque nos hemos encontrado inevitablemente con ella. Es lo mismo con todo lo demás. ¿Te da miedo la riqueza? Búscala y luego hazle frente, verás lo maravilloso que es obtenerla. ¿Te da miedo el compromiso? Atrévete a firmar un contrato, a decirle *está bien, lo acepto* a alguno de tus retos. El chiste está en identificar cuáles son y por qué los tenemos. ¿Por qué nos da miedo cumplir seis meses o un año en el mismo trabajo?, ¿cuáles son las excusas o pretextos que usa tu miedo para alejarte de tu propósito final? *En un mes no noté el crecimiento que esperaba, me cuesta mucho trabajo levantarme temprano, al final no me convenció.* Se vale, yo de verdad creo que se vale renunciar a algo si no te hace bien; la vida no es un martirio (aunque sí haya sacrificios) o una tortura. La vida es lo más bello y asombroso que tenemos. Es algo que debemos vivir y aprovechar en su totalidad. No te engañes diciendo que no viste crecimiento dos meses después cuando lo que quieres es regresar a ver Netflix a tu cama porque te da miedo tocar tu potencial. ¿Te da miedo el futuro que te espera?

Aprovecha ese mundo desconocido que tienes dentro, aprovecha todo esa oscuridad para escoger todos y cada uno de los colores con los que te quisieras pintar, tú decides.

La única manera de conocer tu futuro es hacerlo tú mismo. ¿Por qué tenerle miedo a ese futuro? Ése es el primer secreto, el segundo es que detrás de ese miedo que tanto te sujeta existe algo maravilloso esperándote, algo que es sólo tuyo y sólo para ti. Inténtalo con algún miedo pequeño, algo que te paralice, pero sólo un poquito. Enfréntate con ese miedo, trabájalo y, cuando lo superes, notarás cuánto se incrementó la confianza que no sabías que tenías; da ese paso y luego otro, y luego otro. Cada miedo que conquistes reforzará la seguridad que necesitas para crear tu propia vida. Puedes intentarlo cuando te sientas poco motivado; recordemos que la adrenalina que podemos segregar cuando le tememos a algo es un energizante más poderoso que cualquier Redbull. Inténtalo, el miedo puede ser un gran motivador. Da ese paso hacia aquello que te hizo pensar que no eras suficiente o que no estabas preparado, porque te hará crecer. Rompe con todas esas ideas e inseguridades.

Debemos hacer conciencia de nuestros miedos y aprender a aceptarlos. ¿Por qué? Porque los miedos son emociones, así como la ira o la tristeza y sabemos que ninguna de éstas debe reprimirse porque siempre se transforma en algo peor. Pero si las emociones se aceptan, se vuelven ciertas, verdaderas y la verdad libera. Cuando te enfrentas con uno de tus miedos, cuando lo entiendes, lo ves a los ojos y aprendes a reconocerlo y a reconocerte en él, entonces se desvanece. La comprensión de lo desconocido es lo que lo vuelve familiar y, al ser conocido, deja de dar miedo.

Es fundamental aceptar que aquel miedo entró a nosotros durante la infancia, en algún momento de la adolescencia o de nuestra adultez, ahí está, pero, ahora, el ser un adulto responsable (porque ser adulto es ser responsable de uno mismo) no puede permitirse el miedo. Hoy sabes que lo único inevitable es la muerte y ni siquiera a ella deberías tenerle miedo, ¿o acaso vas a dejar que el miedo al más grande desconocimiento te frene en tu vida diaria? Al ser incierta e inexacta se vuelve un miedo absurdo que se traduce en miedos más pequeños que terminan por ser sólo excusas y pretextos, para detenernos todos los días, alejarnos de nuestro gran potencial. No temas, pues hoy apenas comienzas.

Si logras penetrar en ti mismo, conocerte, experimentarte y entender todo tu potencial, —porque ahora ya sabes qué te frenaba y qué te impulsaba—, entonces has comenzado a hacerte cargo de ti mismo, de tu camino, de tu futuro. Nada puede controlarte si eres tu propio dueño; si te conoces por completo, los miedos desaparecen y sólo se transforman en verdaderas alertas para proteger tu integridad física y moral. Sólo funcionará si decides atreverte y asomarte a todo lo que está de ese otro lado.

Ahora bien —volviendo a lo que nos atañía desde el principio—, decidiste que no querías trabajar para alguien más, decidiste que el crecimiento en dos meses no era suficiente, que el trabajo que habías decidido tomar te alejaba de tu propósito final y que era mejor renunciar. Muy bien, ¿ya sabes si era un pretexto o si era una traducción de tu miedo? Probablemente sí, porque uno necesita crearse su propio futuro y para eso necesitas trabajar. El trabajo incluye ciertos obstáculos, incluye desvelos y mucho esfuerzo, la construcción del camino propio representa sacrificio. Empieza a trabajar en la dirección de tu propio futuro, de tus sueños, objetivos y metas. No necesitas una bola de cristal para saber tu futuro; lo que necesitas es crearlo.

¿Cómo crearse el futuro?

No es de la noche a la mañana que uno se da cuenta de su capacidad creadora; sin embargo, ésta es algo que todos poseemos. Somos capaces de crear cualquier cosa que nos propongamos si logramos conectar con nuestra inteligencia creativa; percatarse de este don es haber dado un paso hacia delante de lo que nos hace seres humanos. Crear el futuro no es lo mismo que crearse ilusiones acerca de éste. Se necesita una visión poderosa, pero, —insisto— no es la que se obtiene a través de una bola de cristal, la palma de una mano o un manojo de cartas, es la que ya tienes, esa visión sólo tuya, única.

Jean Pierre Garnier es un doctor en física de setenta años de edad que se especializa en la mecánica de los fluidos. Sí, sé que puede parecer que esta oración no tiene nada que ver con lo que veníamos hablando, pero es muy relevante y te aseguro que después de esto querrás adentrarte más en el asunto. Garnier dice que el tiempo es continuo y que posee instantes imperceptibles que permiten el intercambio constante de información con el pasado y el futuro; él las llama *aperturas temporales* y son las que nos aportan las premoniciones y las intuiciones. Lograr el control sobre esto nos permitirá optimizar nuestro futuro antes de vivirlo, entendernos mejor para así crear un equilibrio individual y colectivo.

La teoría del desdoblamiento del tiempo nos dice que tenemos siempre dos tiempos diferentes a la vez: un segundo en un tiempo consciente y millones de segundos en otro tiempo imperceptible en el que podemos experimentar cosas que luego transferiremos al tiempo consciente. Esto quiere decir que, en cada instante de nuestro presente, existe un tiempo imperceptible en el que fabricamos, sin darnos cuenta, un futuro potencial, lo memorizamos y lo vamos realizando en nuestro tiempo real y presente, vamos creando diferentes probabilidades para nuestro futuro. Interesante, ¿no? Entre esos dos yo que coexisten —uno consciente y otro cuántico— se intercambia la información que nos permite anticipar el presente a través de la memoria del futuro. Así bien, nuestros futuros potenciales los fabricamos únicamente con nuestro pensamiento.

De igual manera en el ámbito empresarial o dentro de cualquier ámbito, la vida moderna nos exige soluciones que *a priori* no existen, sino que son oportunidades para crear un futuro. Algunos consideran que el simple hecho de imaginar —en este caso como sinónimo de crear una ilusión— será suficiente para crear algo que no está todavía manifiesto; sin embargo, es necesario ser conscientes de que será imposible manifestar en el mundo algo que no haya sido manifestado primero en nuestra propia conciencia. Cuando una persona ahonda en su presente, aplicando plenamente todas sus capacidades y logra sacar a la luz todo aquello que no había manifestado, pueden crearse actos extraordinarios.

Juguemos a algo, hagamos un ejercicio:¿cómo te ves en los próximo cinco años?, ¿lo tienes claro?, ¿puedes, en verdad, verlo en tu cabeza?, ¿ya viste qué ropa tienes puesta?, ¿estás parado?, ¿sentado?, ¿en dónde?, ¿estás en tu casa?, ¿de qué color es ésta?, ¿con quién te encuentras?, ¿cómo suena su voz?, ¿cómo suena la tuya?, ¿qué estás haciendo hoy dentro de cinco años?

Trata de despertar esa parte de tu mente, trata de ejercitar esa visión, ve al futuro. Debes tener claro hacia dónde vas. Hoy, la esperanza media de vida está en los ochenta años y, si no me equivoco, todavía te faltan bastantes más para llegar siquiera a la mitad. Intenta, por lo menos verte en el hoy dentro de cinco o diez años. Ejercita esa capacidad de visión.

¿Puedes verte cuando tengas ochenta o cuando tengas cuarenta? Si ya pudiste ver ese futuro, dime, ¿de qué vas a vivir? Porque, para cuando tengas cuarenta, tus necesidades habrán cambiado, vas a tener que cuidar tu salud, tu alimentación, todos y cada uno de tus hábitos, ¿no te preocupa? Porque la misma tecnología, la comida orgánica, las medicinas nos están alargando las vidas. Si hoy la esperanza media de vida está en ochenta, en un futuro, quizá haya llegado a los cien, porque eso está buscando la humanidad: vivir más. Y, si no tienes un plan hecho, ¿de qué vas a vivir?, ¿qué vas a hacer de los cuarenta, a los ochenta o a los cien años de edad?, ¿cómo vas a vivir?, ¿viviendo al mismo ritmo y consumiendo lo mismo que consumes hoy?

Porque si sigues haciendo lo mismo que haces todos los días, obtendrás siempre el mismo resultado. Con el ingreso que tienes, ¿cómo vas a estar cuando seas tan mayor como lo son hoy los mayores de tu familia?, ¿cómo te quieres ver?, ¿cómo quieres estar?

La claridad que podemos tener sobre las cosas a las que queremos llegar determinará, en gran medida, el logro efectivo de las mismas. El no saber lo que se quiere es un problema muy común. Por eso, es importante conocer las diferencias entre los sueños, las metas y los objetivos.

Los sueños carecen de fundamento, no tienen en realidad una esperanza de realización, a diferencia de las metas y los objetivos, no son claros ni concretos, no son alcanzables ni definidos. El soñador sólo puede ser aquel que está dormido o fantaseando, distraído, en un estado de vigilia; por lo tanto, es alguien incapaz de percibir su entorno, no tiene noción del tiempo o de la realidad, por lo que espera que su felicidad sea proporcionada por algo externo, sin esfuerzo alguno. Un sueño es aquello proyectado desde el nivel de la imaginación y de la fantasía. Soñar con aquello que uno quiere lograr está bien, siempre y cuando se tenga conciencia de que soñar con algo no te acerca necesariamente al resultado. Normalmente, se visualiza como algo lejano, a largo plazo. El sueño siempre dependerá de la acción a la que pueda o no ser enlazado; el soñador sólo despierta cuando encuentra, en su interior, el verdadero motivo para luchar por aquello que ha imaginado, sólo entonces logrará ponerse en acción y así transformar el sueño en una meta o en un objetivo.

Puede parecer difícil, pero casi todos los sueños pueden materializarse, siempre y cuando queden plasmados en una meta, en objetivos y dirección. Un objetivo está definido de forma concreta y específica, a diferencia de un sueño, exigiéndonos así nuestra entera voluntad y la constancia en nuestro trabajo. El objetivo es la expresión concreta de aquello que queremos mientras las metas nos aclaran las acciones necesarias y el tiempo preciso para llevarlo a cabo.

Este proceso requiere de disciplina, persistencia y constancia, por eso, podríamos decir que una persona comprometida con su desarrollo personal se fija continuamente nuevos objetivos, que le sirven como reto y motivación para nunca dejar de crecer en cualquier otra área de su vida. Por lo tanto, será fundamental, para nuestro crecimiento como personas, conocer la diferencia para no confundir los sueños de las metas y los objetivos. Soñar es importante y nunca debes dejar de ejercitar esta área de tu mente, es como mantener vivo siempre a tu niño interior; sin embargo, siempre será mejor aterrizar esas ilusiones en metas y objetivos que realizar, porque será así que lograrás, como persona, mantenerte vivo, desarrollándote y creciendo día con día en tu proceso de vida.

Volvamos: cierra los ojos, vete a ti mismo dentro de cinco años. Porque la idea es empezar de a poco, lograr vernos a nosotros mismos en dos años, luego en cinco y así, hasta llegar a los ochenta. Y ya que lograste verte a futuro, ¿qué estás haciendo ahí, a qué te dedicas dentro de cinco años? Dime, ¿en ese futuro, te ves viviendo de aquello que te apasionaba hoy?, y en primer lugar, ¿qué te apasiona?,

¿quieres poder vivir de esa pasión o no realmente?, ¿lo sabes? Porque quizá no lo tengas tan claro. Quizá te ha costado verte dentro de cinco años porque no sabes qué quieres estar haciendo, no has identificado tu pasión y esto es primordial para el autoconocimiento. Uno debe saber o preocuparse por entender cuáles son sus razones propias, ¿por qué hacemos todo lo que hacemos?, ¿para qué te despiertas todos los días?, ¿qué te mantiene alegre durante la tarde?, ¿en qué piensas o qué quieres hacer para sentirte mejor cuando te sientes mal?, ¿cuál es tu pasión?, ¿qué quieres hacer el resto de tu vida?, ¿te lo has preguntado? Ésta es la primera clave para lograr verte dentro de cinco años y entusiasmarte por hacerlo, verte contento en el presente al presenciar en tu cabeza la imagen de tu futuro. Luego, ¿sabes si te gustaría hacer aquello que quieres hacer sólo como un *hobby* o te gustaría que te brindara un nivel de vida aceptable o que, incluso, te hiciera rico? Y, ya que lo sabes, ¿qué estás haciendo hoy para que suceda? Porque las cosas no ocurren de la noche a la mañana, ni siquiera hace falta que te lo recuerde. Uno debe trabajar por lo que quiere, porque no hay otra manera. Sí, puede ser que hoy te hayan contratado en una empresa de *marketing* y tú quieres dedicarte a la filosofía, ¿cómo vas a dedicarte a la filosofía, si no tienes el ingreso o una economía estable o cómoda? Debes tener una fuente de ingresos que te mantenga mientras alcanzas tus objetivos. Ese es el sacrificio que deberás hacer hoy, para mañana estar donde quieres estar.

Para llegar a tu meta más alta no importa el camino. Si tienes clara la meta o tu objetivo, no importa lo que hagas mientras no hayas llegado, mientras no te desvíes del sendero, mientras no pierdas de vista la meta que te marcaste. Por eso pienso que está bien fijarse una meta para dentro de cinco años, y no perderla, no cambiarla. Mirar fijo esa meta y llegar hasta ella. Quizá logres aterrizar ese sueño para un día estarlo viviendo. No confundamos un sueño con una meta. Ya que esté claro y marcado tu objetivo, intenta poner tu plan de acción por escrito, no importa si es un objetivo a corto o largo plazo, una manera para concretar y desglosarlo, es visualizarlo: primero en tu cabeza y luego por escrito, en papel. Ponerlos en sitios visibles para tenerlos presentes siempre, puede parecer que es algo muy sencillo y sin chiste, quizá, pero puede producir una gran diferencia entre aquellos que logran resultados y los que no. Porque la visualización del objetivo es la que ayuda a alcanzarlo; tenerlo en frente, leerlo todos los días te lo recuerda y no te deja olvidarlo, te brinda conciencia y claridad sobre tu meta para acercarte a ella.

Tú trabajas para ti, así debe ser, y, si acaso estás trabajando hoy en mi empresa, de todas maneras sigues trabajando para ti; trabajas para ti en la empresa de alguien más. Un día, y si eso quieres, el dueño de la empresa serás tú. Ve este trabajo como una oportunidad, ¿recuerdas lo que decíamos sobre las oportunidades, sobre aprender a identificarlas? El trabajo que no te gusta, ese en el que no ves crecimiento en tres meses puede ser más que eso, puede ser una gran oportunidad de desarrollo, si tú decides verla de esta manera y aprovecharla así, porque debes tener siempre una fuente segura de ingresos. ¿Cómo la tendrás si cambias de empleo cada dos meses? Digamos que ahorras cinco mil pesos gracias al trabajo del que te saliste un mes después; te los vas a haber gastado en lo que consigues un trabajo nuevo. Y no pasa una vez, es una constante. Porque no viste rápido todo eso que te prometieron que verías en la empresa a la que entraste. La verdad es que no se trata de lo que te prometan o no te prometan, porque está en ti recibirlo y trabajar por ello que querías desde el principio, está en ti ser quien se lo proporcione. Ésta es tu oportunidad de tomarlo, porque es parte de lo que debes hacer.

Somos un país que no tiene mucha cultura del ahorro. No muchos tenemos dinero guardado en el banco para invertir; muchos debemos generarlo desde cero, tenemos que trabajar de siete a nueve. Yo también lo sufrí; todos los que han llegado alto han pagado el mismo precio, nada es gratis. Te pongo el ejemplo de Carlos Bremer, él empezó tocando puertas; hoy es millonario. Bueno, yo te lo cuento en dos oraciones, pero claro que no ocurrió así. Él tiene ahora más de sesenta años, eso quiere decir que trabajó más o menos cincuenta años de su vida. Hoy es millonario, pero le tomó tiempo, porque las cosas no se dan tan fáciles; se tiene que trabajar mucho para lograrlas. Mark Zuckerberg, Steve Jobs, Bill Gates son únicos; es muy difícil que sus historias se repitan. Es bueno admirarlos y aprenderles; sin embargo, trabajaron fuertemente para llevar a cabo sus objetivos. Por eso, es que uno debe comprometerse, incluso si su objetivo o meta es ser el sucesor de Zuckerberg, uno debe planteárselo y trabajar hacia allá.

Sabías que la reforma de 1995 del Seguro Social en México modificó la ley, sobre todo, en el tema de las jubilaciones, lo que significa que, ahora, después de haber trabajado sesenta y cinco años (o cuarenta y cinco mil semanas), te van a dar una bicoca mensual y por un tiempo determinado que seguramente no te será suficiente para mantenerte. Y con la depreciación al valor del dinero en el último año, a los cinco años tu dinero se va a haber terminado y no te van a dar más porque el Seguro Social está quebrado. Por eso te advierto desde ahorita la importancia de crear ingresos pasivos por otro lado, porque ya no sirve de nada estar en el Seguro Social, para buscar una jubilación. Será mejor —y es lo que yo aconsejo— que busques generar un ingreso que pueda pagarte un seguro de gastos médicos. Imagina que eres artista y te caes y te fracturas la mano, ¿qué va a pasar, cómo vas a pagar la operación? Y, si no tienes un Seguro Social, porque eres independiente, supongamos que la operación te va a costar treinta mil pesos, los consigues prestados, pero, luego, las terapias, ¿qué va a pasar en esos tres meses en que no vas a poder volver a pintar o a tocar la guitarra?, ¿de qué vas a vivir mientras tanto? Además, recordemos que le debes treinta mil pesos a alguien. No es que quiera yo asustarte, porque sabemos que éste es un ejemplo realista, pero sí quiero abrirte los ojos ¿qué va a pasar?, ¿tienes un respaldo, un colchoncito? Y a la edad que sea, si uno no tiene cómo cubrir todo eso, si vives al día, ¿qué ocurrirá si llegas a vivir algún percance así? Y no porque te lo desee o quiera asustarte. Te lo pregunto porque sé que nadie más lo ha hecho ¿o me equivoco? ¿Acaso alguien te hizo cuestionarte esto en la escuela?, ¿tus padres te lo explicaron alguna vez? No, ¿verdad? Porque es probable que ésta sea la primera vez que te preguntas al respecto, y qué suerte haber encontrado un libro que te lo pregunte. Y no sólo eso, que te responda algunas cosas o te oriente para poderlas contestar tú mismo, porque no importa lo que sea que seas, puedes conocer tu futuro o empezar a cuestionártelo y planearlo, siempre puedes hacerlo bien.

Yo sé que es una edad confusa, sé que no es fácil estar viviendo la etapa que estás viviendo. No tenemos idea de nada porque nadie nos dijo nada, nadie nos preparó para este momento, no se nos advirtió qué sentiríamos ni cómo lo afrontaríamos. Y todo nuestro entorno nos confunde más: los memes no ayudan, las redes sociales tampoco, la distancia emocional que hemos marcado el uno con el otro, la necesidad de *likes*, la influencia de la televisión y la publicidad. Pero acaso estás listo para saberlo, acaso estarás en el momento que define un antes de un después y, si sigues mis consejos o por lo menos los tomas con sabiduría y como guía, es probable que algo cambie, que algo se te ilumine.

Y ahora que decidiste quedarte en el empleo que te contrató, sostenlo. Sé constante, sé puntual, se congruente e íntegro. Es lo que corresponde, porque sólo así llegarás al lugar marcado. Éste es el siguiente consejo: siempre haz lo que dijiste que harías, porque lo que se dice con la boca se debe sostener con todo lo demás y la puntualidad es parte de esto; uno debe ser puntual para ser tomado en serio. Es preferible que digas que llegarás dos horas más tarde y llegues a las dos horas en punto a que digas que llegarás al inicio y llegues dos horas después.

Puede decirse que mi manera de aprender y reforzar esta enseñanza fue "a la mala"; se lo debo a mi padre. Castigándome cada vez que llegaba tarde de alguna fiesta, me decía: ¿A qué hora llegas? Yo le decía a la una, llegaba a la una y media, y terminaba castigado, sin coche por un mes,

—Pero, ¿por qué si llegué media hora tarde?

—Porque tú pusiste la hora, yo no.

Así aprendí bastante rápido. A veces son necesarias estas lecciones con regaños. Así las obtenemos algunos; sin embargo, a veces se puede aprender sin necesidad del exabrupto o el castigo. Si la puntualidad es una lección que debes aprender, va a seguirte a todos lados a menos que decidas aceptarla, aprenderla y llevarla a cabo.

El "hacer siempre lo que dices que vas a hacer" no radica únicamente en llegar puntual; quiere decir cumplir tus promesas; quiere decir ser totalmente honesto con el otro y con uno mismo; saber de lo que eres y no capaz; saber qué puedes cumplir en su totalidad si lo prometes y qué cosa no puedes lograr. Yo, por ejemplo, jamás te prometería correr treinta kilómetros la próxima carrera, no me comprometería contigo, no te diría vamos. Lo más seguro es que te diga que puedo correr, a lo mucho, cinco y no seré el primer lugar, ¿me explico? Uno debe estar bien seguro de quién es, de sus talentos, habilidades y herramientas, porque debes ser íntegro, conocerte bien, saber todas sus partes *qué sí y qué no, qué soy y qué no, qué puedo ser y qué nunca seré* (como yo, el maratonista). De esto dependen nuestra entereza moral y la confianza de los demás en nosotros, pero también la confianza que tenemos en nosotros mismos.

Nuestra seguridad se refuerza cuando sabemos para qué somos buenos, si sabemos qué nos gusta y a qué nos dedicamos. La certeza de saber quiénes somos nos da seguridad en todos los aspectos de nuestras vidas. Uno no le exige a una persona clara que sea morena; uno no le exige a un pintor que sea profesor de física o química; uno no le pide a un punk que sea trovador, ¿estamos de acuerdo? Siempre haz lo que dijiste que harías; si dijiste que lo harías, hazlo. Lo que se dice con la boca se sostiene con todo lo demás, sostenlo.

No abusemos de nuestra meta, no abusemos de nuestros propios sueños. Encontremos el que pueda volverse realidad y aterricémoslo. Éste es el sueño sobre el que hay que posarse; éste sueño es el posible, el que puede transformarse en meta y luego cumplirse. Entre más clara esté la visión sobre la que hablábamos al principio, esa visión que te armaste de ti dentro de cinco años, será más fácil de lograr. Si tu sueño era tener un negocio, cuando vayas a buscar el local y veas que el que está en renta tiene las paredes azules, pero tú las imaginaste de vidrio y más altas, entonces sabrás que no es ahí. Y cuando encuentres el edificio de vidrio con ventanas amplias podrás reconocerlo: éste era. Y es que esa ley de atracción sí se cumple cuando uno tiene muy claro lo que quiere atraer. La dirección es ésta, yo voy de un punto A a un punto B. Puedo zigzaguear o ir corriendo, puedo ir gateando o tomando las curvas más amplias, si yo quiero. Y no puedo ir derecho porque probablemente me tope con algún bache, con algún puente o alguna pared en el camino. No importa, no importan todos los obstáculos con los que te encontrarás, ni tu manera de caminar, mientras cumples esa meta y llegues de A a B.

Las reglas del "no"

Una decisión se toma a partir del "sí" o del "no". Uno decide si se va a la derecha o a la izquierda dependiendo del "sí" o del "no" al que responda. No importa si es una decisión pequeña como ¿*Aceptas casarte con*...? o una decisión trascendente como ¿*Aceptas casarte con*...? No hay una guía sobre cómo se toman las decisiones, porque uno puede decirle "sí" a algo que otro responda que "no", porque somos diferentes; sin embargo, a lo largo de mis años de estudio, de crecimiento, me he percatado no sólo de lo importante que son las decisiones o de lo importante que es aprender a decirle que "sí" a las cosas, también me he dado cuenta de lo poderoso que es el "no". Esta opción no debe ser negativa únicamente, porque el "no" es sólo un "sí" a otra cosa, un derecha o izquierda, ni bien ni mal. El "no" es tan positivo como la afirmación, porque así como no hay un blanco sin un negro, no puede haber un "sí" sin un "no" o viceversa. Ninguno es malo o bueno, sólo son polos opuestos. Son bifurcaciones en tu propio camino, disyuntivas.

Hay un libro que me gusta mucho, se llama *Whale Done* y es de Ken Blanchard, es uno de los libros a los que siempre regreso, uno de mis lugares seguros. En éste se explora el poder de la retroalimentación positiva en las relaciones humanas, abordado desde cómo se entrena a las ballenas en *Sea World*. Yo he retomado sus enseñanzas al momento de tratar con mi equipo de trabajo, porque sé lo importante que es lograr y mantener un compromiso eficaz y positivo con los demás y un entendimiento en las relaciones laborales y personales, porque se pueden obtener mejores resultados mediante el reconocimiento de lo que hacen bien los otros, porque se debe hacer énfasis en lo positivo y éste es el enunciado en el que quiero concentrarme ahora.

Si bien Ken Blanchard la aborda y explica de una manera relevante en la que yo creo y tomo como guía, hoy quiero yo abordarla de otra manera, completar la visión de Blanchard con la mía. Hay que poner el énfasis en lo positivo, no en lo negativo, es lo que se nos dice, y es verdad; sin embargo, esta lección es sobre cómo lo negativo puede volverse positivo si aprendemos a verlo de esa manera. Porque Blanchard dice que se le debe prestar atención a lo que hace bien la ballena, para que ésta lo repita y lo aprenda, pero, ¿qué pasa cuando la ballena no lo hace o lo hace incorrectamente? La respuesta es dejarlo pasar y redireccionar el comportamiento hacia algo distinto, porque lo importante es en qué se concentra uno. Así, el comportamiento "negativo" se vuelve "positivo" si uno lo enfoca de esa manera. Repito, el "no" puede ser positivo.

Porque a lo largo de mis años me he dado cuenta yo también de lo positivo que me ha resultado el "no". Se me ha presentado en muchos aprendizajes que hoy quisiera compartir contigo, para darle la vuelta al negativo del "no" y encontrarle su positivo.

1. No me gustaba el golf.

Yo nunca habría contemplado ese deporte como posibilidad ni siquiera de juego, me parecía un deporte para viejitos hasta que mis amigos me invitaron a probarlo. Les dije "sí" sin saber por qué exactamente, fue un impulso, sólo porque sí, por probarlo. Fue una oportunidad que ni siquiera parecía serlo. No tenía ni la menor idea de por qué lo estaba haciendo y ahora aquí estoy; no pasa un día en que no me den ganas de ir al campo a jugar y jamás lo hubiese imaginado. Por supuesto que es muy bueno saber por qué uno hace las cosas, pero a veces está bien decirle "sí" a algo que no harías normalmente; a veces hay oportunidades que no vemos porque estamos acostumbrados a hacer las cosas siempre de la misma manera. A veces es necesario salirnos de nuestra rutina, encontrar inspiración en lo inesperado, ampliar nuestro panorama y atrevernos a hacer cosas por el simple hecho de hacerlas. Saber que muchas veces en nuestros "no" hay más "sí" que no hemos visto.

2. No quise seguir trabajando con mi padre.

Después de haberle dicho "sí" al golf y a los carritos, ya que había aceptado y entendido que ahí estaba el negocio de mi vida, que ahí empezaba, decidí que era hora de emprenderlo solo. Sabía que lo mejor era abandonar el negocio de mi papá y emprender el mío. Mi padre me ayudó mucho siempre, todo lo que aprendí trabajando con él, todo su apoyo, me hicieron lo que soy ahora y se lo agradeceré eternamente. Es muy importante agradecer siempre lo que a uno le dieron sus padres, pero también es necesario y fundamental entender que un día debes decirles "no", "ya no". Llega un momento en que nuestro camino se ha marcado y, muchas veces, será uno distinto al que nuestros padres esperaban que fuera, eso está bien porque quiere decir que somos personas independientes, que lo hemos entendido y que ahora estamos listos para emprender nuestro camino, agradeciendo y valorando todo lo que se nos dio, pero ahora solos, por nosotros mismos.

3. No son sueños, son metas.

Será fundamental entender que un sueño no es lo mismo que una meta. Uno mantiene viva su imaginación y su creatividad cuando sueña; soñar es humano, todos lo hacemos. Lo que debemos comprender es que un sueño es inalcanzable e imposible hasta que se convierte en una meta. Una meta es una posibilidad de algo, una idea que nos trazamos porque sabemos que es posible, que eventualmente alcanzaremos. Un sueño puede transformarse en una meta, pero un sueño y una meta nunca serán lo mismo. Las metas son posibles; los sueños no.

4. No son deseos, son objetivos.

Es lo mismo con los deseos y los objetivos; uno parte del otro, pero son cosas distintas. Desear es muy fácil, también es una condición del ser humano, pero un deseo puede quedarse sólo en eso, intangible, a menos que logremos volverlo un objetivo. Digamos que las metas están llenas de pequeños objetivos que han sido cumplidos en el trayecto para alcanzar la que te propusiste. Los objetivos, como las metas, son cosas que uno puede cumplir o efectuar; los sueños y los deseos, no. Sin embargo, éstos son más que necesarios porque de ahí partimos para plantearnos nuestras metas y cumplir nuestros objetivos. Uno no sabe a qué se querrá dedicar si no soñó alguna vez con eso o lo deseó con todas sus fuerzas. El secreto está en entender cómo aterrizar esos sueños y esos deseos y ése es aterrizándolos en objetivos y luego en metas, porque sólo así se cumplirán.

5. Seguir tu sueño no significa la no constancia. Uno puede tener muy claro su sueño: qué quiere ser, a qué se quiere dedicar, de qué quiere vivir. Y yo lo veo en muchos de ustedes, en muchos de mis colaboradores, en muchas de las personas que renuncian a las empresas a dos meses de haber entrado, etc. Uno puede estar bien seguro del sueño que quiere cumplir, pero eso no significa que no debes trabajar por conseguirlo. Puedes pensar que trabajar en una empresa te distraerá de cumplir o conseguir tu sueño, pero la verdad es que no, no necesariamente; trabajar en una empresa puede enseñarte a ser constante y disciplinado. Estas cualidades son fundamentales si uno pretende alcanzar cierta meta o cumplir cierto sueño, porque un sueño se quedará para siempre inalcanzable si no se aterriza con constancia, disciplina y dedicación.

6. Tú no trabajas para mí, trabajas para ti.

Uno puede confundirse y sentir que trabaja para alguien más cuando trabaja en una empresa, por ejemplo, pero es una idea errada, porque en realidad, uno debe trabajar siempre para uno mismo. Es fácil que ocurra, que uno se distraiga y pierda de vista su objetivo o su razón primera, pero por eso es importante tener seguridad y claridad del por qué y el para qué haces o no haces las cosas. El fin siempre serás tú mismo y el tú mismo incluye tus metas, deseos, sueños y objetivos. Si tienes bien claro eso, no importa lo que estés haciendo en este instante, si al final estás trabajando en ti.

7. Identificar qué no hacer para hacerlo de otra forma.

Habiéndote explicado lo que te expliqué en los puntos anteriores, creo que ya entiendes por qué, para qué y cómo hacer las cosas. Ya sabes que al final trabajas para ti, aunque trabajes en la empresa de alguien más; ya entendiste que debes ser constante y disciplinado y que un sueño no es lo mismo que un objetivo, ni un deseo es una meta. Analiza todas estas variables en ti, ¿qué estás haciendo en este momento?, ¿estás trabajando ahorita mismo para alcanzar tu meta o aterrizar tus sueños? Y, si no es así, ¿qué estás haciendo entonces? En cuanto logres identificar lo que estás haciendo y lo que no, teniendo en cuenta lo que quieres lograr, entonces sabrás qué es lo que deberás dejar de hacer. Saber qué no hacer es tan importante como saber qué sí.

8. No desviar el objetivo.

Tan difícil como sencillo. En el camino habrá obstáculos siempre: distracciones, accidentes, personas, relaciones, dificultades, facilidades, porque eso es la vida. La vida es un camino, un proceso que desembocará siempre en un mismo destino; la diferencia está en lo que cada uno de nosotros pueda hacer durante el trayecto. La vida no tiene ningún chiste sin propósitos, por eso los sueños son fundamentales, nos mantienen vivos. No obstante, son las metas y los objetivos marcados los que nos obligan a caminar; un sueño nos estanca, nos deja en el campo imaginario mientras un objetivo nos hace caminar. Hay que saber hacia dónde vamos, sin importar lo que se nos presente durante el proceso; mantener fija la mirada en el objetivo que nosotros mismos nos marcamos, porque sólo así se vive, caminando, pero con una dirección bien clara.

9. No escuchar críticas.

Ya tienes bien marcado tu objetivo y ya sabes qué hacer o qué dejar de hacer para alcanzarlo. Ya les dijiste "no" a tus padres porque ya entendiste de qué se trata ser quien eres, ya sabes en dónde estás parado y hacia dónde caminar porque tienes tu objetivo bien claro en la distancia y hacia él te diriges. Debes ser consciente de que tu camino estará lleno siempre de obstáculos, de dificultades y de complicaciones. Repito, ésa es la vida. Lo importante será no distraerse ni dejarse vencer por ellas y aquí se incluyen las críticas. Uno debe ser lo suficientemente inteligente para aprender a escuchar las críticas, pero no dejar que te detengan. Saber distinguir entre lo bueno y lo malo, qué tomar y qué no, de las críticas de los demás, porque algunas te ayudarán a crecer, pero otras te tirarán. La voz interna debe ser siempre más fuerte que las demás. No dejes de escucharte a ti siempre más fuerte. Tu voz marca la claridad de tu objetivo y no debes desviarte de ese camino.

10. Los fracasos no son negativos.

Así como expliqué lo positivo de los "no", debemos aprender a ver lo positivo en un fracaso; entendamos los fracasos como una posibilidad de mejorar. Un fracaso puede parecer muy negativo mientras lo estamos viviendo, es frustrante, es doloroso; un fracaso es una gran piedra en nuestro camino: nos hará sentir que las críticas tenían razón, nos hará pensar que estuvimos siempre equivocados, incluso podría distraernos por mucho tiempo de nuestro objetivo. Sin embargo, un fracaso es en realidad la oportunidad más grande, la posibilidad más importante. Un fracaso es la prueba más fuerte para nuestras capacidades. ¿Te vas a levantar después de haberte tropezado?, ¿te levantarás más fuerte o más débil?, ¿el tropiezo te hizo perder de vista tu objetivo o cambiarlo? Atravesar un fracaso te fortalecerá, te dará seguridad y confianza en ti mismo, es la última prueba para llegar a la meta. Es la pregunta del oráculo y esa respuesta siempre está adentro de uno. La respuesta a la pregunta siempre será tu voz interna, la que deberás seguir escuchando sin importar los tropiezos, los fracasos o las críticas. Tú tienes la única respuesta y está en ti tomar la decisión de levantarte, seguir caminando, desviarte o quedarte en el suelo. ¿Cuál va a ser?

Capítulo Dos

Ya quedó establecido y bien claro cómo te ves en cinco años, ya sabes qué quieres hacer y de qué quieres vivir, ya lo tienes perfectamente claro y definido. Ya sabes cómo estás vestido, qué estás haciendo y dónde estás. Ya tienes la meta exacta para este día dentro de cinco años, ya sabes qué te gusta, ya sabes quién eres.

Este libro fue detonado por la constante rotación de jóvenes en las empresas y mi intención al escribir es la de reorientar, como he detallado ya en varias ocasiones. No es que yo esté tratando de convencerte para quedarte a trabajar en una empresa o para alguien más, lo que intento hacer es convencerte de ejercitar la constancia y la disciplina en lo que sea que estés haciendo, mientras sea para alcanzar tus metas y objetivos finales. Si acaso eres de esas personas que no han encontrado un trabajo en el que quieran estar porque tienes muy claro lo que quieres hacer y sabes que trabajar en una empresa de otra persona no te ayudará a alcanzar esa meta, entonces ¿por qué no trabajar para ti mismo?

La primera vez que esa idea aparece en nuestra mente nos llenará de emoción; la idea de poner un negocio y dejar el empleo, trabajar para ti mismo, sin ningún estrés, haciendo lo que te gusta, es imposible que no te genere una sonrisa en el rostro al momento de imaginarlo, ¿no es verdad? Es una fantasía que suena posible y, al mismo tiempo, maravillosa; sin embargo, la decisión de abandonar la vida de empleado para tener tu negocio propio no es simple. Debes entender que un empresario trabaja más que un empleado, desde el principio, en lo que el negocio crece, y para mantener ese crecimiento debe siempre estar creando oportunidades para la empresa y su equipo, de lo contrario decrece y se termina el negocio. Si tu meta u objetivo es ser auto empleado más que nunca debes ser perseverante, constante y disciplinado, ¿estás realmente dispuesto? Debes considerar tu situación, analizarla detenida y objetivamente, ¿es sólo un sueño o un deseo?, ¿es una idea que podría ser más bien tu meta? Sabe que tendrá sus limitantes, sus ventajas y desventajas; sin embargo, un negocio puede ser una muy buena respuesta a la pregunta *¿cómo te ves en un futuro?*, pero sólo si en serio estás dispuesto a enfrentarte con los obstáculos y trabajar por vencerlos.

Entonces ¿por qué poner un negocio? Si bien comenzar un negocio no es fácil, es muy estresante y demanda todo tu tiempo y atención, puede ser una gran experiencia en lo personal y en lo profesional, porque un negocio te ayuda a cumplir tus sueños. Un negocio te permite, o puede permitirte, tener un buen nivel de vida y alcanzar la libertad financiera.

No todos tenemos lo necesario para iniciar un negocio, eso no querrá decir que tu idea no es brillante, porque una idea es tan brillante como tu trabajo y tu esfuerzo, pero tienes que estar bien seguro y enfocado, debes confiar, no sólo en tu idea, sino saber que cuentas con las características de personalidad para desarrollar tu empresa. Puedes poner un negocio de lo que sea, pero sólo si cuentas con el enfoque, la constancia y la determinación necesarias. Antes de invertir tiempo o recursos, debes evaluarte y preguntarte si cuentas con las capacidades necesarias para ser un emprendedor y en cuáles debes concentrarte para desarrollar. No importa si trabajas en una empresa ajena a la que te desempeñas como empleado, necesitarás siempre aplicar las mismas herramientas: constancia, integridad, puntualidad y compromiso.

Ahora que has decidido y comprobado que cuentas con los valores y principios de un emprendedor, de un trabajador, debes desarrollar tu idea, desarrollar un concepto de negocios que te apasione, relacionado con algo en lo que tengas experiencia, algo de lo que quieras vivir, algo que te veas haciendo toda la vida. Después, piensa en el producto que vas a vender, sea lo que sea, y en cómo puede o no mejorar la vida de la gente, ¿por qué los otros querrían comprarte eso a ti?, ¿qué les ofreces que nadie más les haya ofrecido? Debes hacerte estas preguntas, ¿el producto es algo que la gente quiere o necesita?, ¿puedes obtener ganancias vendiéndolo? Después de haber detectado interés de los otros en tu negocio, deberás evaluar tu mercado, saber a quiénes venderles para que sea segura su compra. ¿Sabes qué es o en qué consiste un estudio de mercado? Es una iniciativa empresarial que tiene el fin de comprender la viabilidad comercial de una actividad económica, es un conjunto de acciones efectuadas para saber cuál es la respuesta del mercado: la oferta y la demanda, ante el producto o el servicio que estás ofreciendo. Su objetivo es lograr una visión clara de las características del producto que quieres introducir en el mercado y el conocimiento profundo de los interlocutores del sector, además del conocimiento sobre los precios y la comercialización.

Un buen estudio de mercado te aclarará dónde vender tu producto, el mercado de demanda y su distribución geográfica y temporal; a quién vendérselo, comprender el perfil de tu target (el sexo, la edad, los ingresos, preferencias, etc.), el comportamiento histórico de la demanda y qué proyección puedes esperar, etc. Dependiendo de la profundidad de la investigación y los recursos con los que cuentes se incrementarán o reducirán los equipos e interlocutores del estudio de mercado. Se trata de una investigación exhaustiva para estudiar, detectar y comprender comportamientos de necesidades y consumo, para después descubrir o crear la mejor estrategia al vender u ofrecer tu producto o servicio.

Evaluar la competencia será también muy importante. ¿Quién está haciendo eso mismo que se te ocurrió a ti?, ¿por qué les va bien, y en qué no son tan exitosos?, ¿qué deberías hacer tú para ganarles?, ¿o qué está dentro de tus manos para lograr ganarles? Porque si bien expliqué anteriormente por qué al momento de trabajar nuestro crecimiento personal siempre es bueno pensar que no tenemos competencia y que somos el número uno, al momento de desarrollar un negocio o una empresa, sí debemos reconocerlo. Es la única manera en la que tu negocio podrá desarrollarse: saber qué hacen bien o mal los otros, te beneficiará a ti. Debes entender qué quiere el cliente, escuchar su necesidad, pregunta. ¿Qué puedes ofrecerles a ellos que tu competencia no?, ¿qué te hará diferenciarte? Porque la competencia estará ahí siempre, nunca te desharás de ella, es mejor saber aprovecharla. Un negocio no puede mantenerse y ya. Si un negocio no crece, se muere. Ya lo pusiste, no hay vuelta de página. En primer lugar, por la inflación; en segundo, porque va a haber competencia, ¿por qué crees que frente al McDonald's está el Burger King? No te puedes estancar. Desarrollar un negocio es la primera parte, ya tienes tu idea, ya está fundamentado, ya sabes qué permisos necesitas y cómo le vas a hacer. Montas una estrategia y, de ahí, sólo puedes hacerlo crecer, ¿vas a poner un local?, ¿cómo vas a vender más?, ¿incrementándolo todo?

Siempre debes pensar en hacerlo crecer, si no, tarde o temprano se acabará, si siempre haces lo mismo. Desarrollo y crecimiento siempre son paralelos. Mientras lo empiezas, lo desarrollas, mientras lo desarrollas, tiene que ir para adelante, y siempre más allá. Tus precios de materia prima incrementarán, de pronto te aburrirás, te cansarás, por eso necesitas crecimiento, necesitas ideas, frescura, innovación. Por ejemplo, en Tecnogolf, nos proponemos todos los años agregar una nueva línea de producto. Ese es mi trabajo, con análisis numéricos, veo qué línea de producto no fue tan rentable y qué línea debo meter el siguiente año, a veces quito una y aumento otra, aunque normalmente sólo la incremento, porque no podemos estancarnos, los diecisiete años que hemos cumplido son porque hemos trabajado, y año con año vamos creciendo, y no es casualidad, pues ha sido consecuencia de mucho estudio y dedicación.

Desarrollo y crecimiento son interdependientes, puedes tener un negocio desarrollado en papel, pero si lo haces realidad, éste va a crecer todo el tiempo. Sin desarrollo no hay crecimiento, y viceversa. Lo mismo con uno mismo. El desarrollo personal y el profesional van de la mano, en ambos se debe trabajar de esa misma manera, caminando, siempre adelante, porque si no, uno termina estancado. Un negocio se desarrolla y crece si uno logra entender cómo funciona, cómo avanzar y de qué manera, cómo vender más, cómo conseguir más clientes, cómo cumplir más metas, cómo alcanzar más objetivos. Una de las mejores maneras para no estancarse es creando un plan de negocios. Un plan de negocios es una guía para orientarte sobre los pasos a seguir para iniciar el negocio y encaminarlo al éxito, ¿qué es lo que quieres lograr? Además, y muy importante, puede servirle a nuestro emprendimiento para obtener el financiamiento necesario de las instituciones correspondientes.

Un plan de negocios determina qué tan buena empresa puede ser la idea que tengas y te proporciona la información para emprender o no emprender tu proyecto. Mientras más buenas sean las ideas, mejor convergerán en un buen plan; mientras mejor sea el plan, mejores negocios se generarán, siendo éstos la base posible para iniciar empresas grandes, rentables y generadoras de trabajo. Con un buen plan de negocio te será más fácil visualizar la posibilidad del éxito en tu emprendimiento y aprender a evaluar los riesgos antes de invertir en él, es la manera de determinar anticipadamente hacia dónde quieres ir, dónde te encuentras y cuánto te falta para llegar a tu meta.

Una buena idea de negocio debe cumplir dos requisitos: cubrir las necesidades de los clientes, brindándoles algo que desean o necesiten, y cubrir tus expectativas de utilidades del negocio. Tú sabes qué es eso que tú haces mejor que los demás, porque has evaluado las habilidades con las que cuentas y cuáles son tus recursos para llevar a cabo tu idea de negocio, no sólo es importante saber identificar tus herramientas y capacidades, sino tu entorno, debes aprender a observar las necesidades de éste y qué puedes ofrecerle tú. Cuando estas cuestiones empiezan a plantearse, entonces quiere decir que tus ideas están creciendo, que tus posibilidades se van ampliando, por lo que será recomendable que realices un estudio de mercado para conocer las características de tus clientes potenciales. La idea de tu negocio deberá estar basada en los productos o servicios que conozcas bien, de los que tú puedas estar bien seguro, además deben ser productos o servicios por los cuales la gente esté dispuesta a pagar o a comprar. ¿Quiénes serán esos clientes?, ¿cuáles serán sus gustos, su edad, su sexo, sus preferencias, sus condiciones laborales y su nivel de ingresos? Mientras vayas avanzando en la elaboración del plan del negocio podrás observar qué le falta, cuáles son las debilidades en la idea y qué será pertinente revisar o cambiar.

Cuando has entendido tu target, ahora que sabes qué y a quién le ofreces o le vendes, empieza lo más complejo. Un negocio está basado en su administración, cómo lo creas, cómo lo mantienes, lo desarrollas y lo administras. Tu mente empieza a trabajar de otra manera. Ahora tienes que aprender a analizarlo todo de una manera que no sabías, debes crear estrategias, y entender todos los diferentes aspectos que conforman una empresa. Necesitarás valerte de conocimientos humanísticos, administrativos, contables y económicos. Un buen administrador debe saber controlar las finanzas de su propio negocio u organización, ¿cómo contratarás empleados si no sabes cuánto estás ganando o cuánto deberías pagarles? ¿Cómo sabes cuánto estás comprando y cuánto estás vendiendo si no comprendes cabalmente tus porcentajes? ¿Comprendes cabalmente tus porcentajes? Un administrador, en términos generales, debe planificar y controlar, tanto los recursos tecnológicos como los humanos y los recursos económicos. Y es que, en una organización, los números son lo primero que debe estar claro, sin ellos no hay conciencia o conocimiento del crecimiento o el desarrollo de la empresa. Los números son importantes y por eso es fundamental siempre tenerlos en cuenta.

Y no sólo porque todo cuesta, sino que también debes ser consciente de cuánto ganas y en qué quieres o conviene invertirlo. Debes aprender a tomar siempre las mejores decisiones con tus finanzas, con tu negocio, con tus costos y con tus ventas. Dentro del estado de una situación financiera existen elementos que lo componen, y la regla número uno es entenderlos. Saber la diferencia entre un activo y un pasivo, para adquirir activos. Estos son elementos claves de la contabilidad de una empresa, pues es a partir de ellos se elaboran los balances y los informes para conocer el estado de cuentas de la empresa o su situación financiera.

Quien quiera poner un negocio, quien quiera ser rico, quien quiera alcanzar la libertad financiera debe saber esto, debe conocer la diferencia entre un activo y un pasivo, y así ahorrarse varios problemas financieros. Lo que define a un activo no son las palabras, sino los números; por lo que buscar y leer la definición de ambas en un diccionario puede confundirnos más que aclararnos. En contabilidad lo que importa no son los números, sino lo que los números te dicen. Activo y pasivo son las dos partes que componen un balance o el informe financiero que refleja la situación de una empresa en un momento determinado: lo que ganas y lo que pierdes. Activo y pasivo. Un activo es el conjunto de recursos de los que dispone una empresa, ya sean tangibles o intangibles, es de donde la empresa obtendrá beneficios económicos en un futuro. Los pasivos son las deudas que la empresa posee, las pérdidas inevitables: pagos a terceros, salarios, impuestos, etcétera.

Los activos ponen dinero en tu bolsillo y un pasivo es aquello que extrae dinero de tu bolsillo, fácil y sencillo. Si lo que quieres es ser rico debes empezar a construir activos y, además de comprender los números, saberlos leer. Si deseas ser rico y mantenerte de esa manera debes contar con una educación financiera, tanto en palabras como en números. Aunque en este caso lo más importante sean los últimos, uno debe permanecer fuerte y determinado, repitiéndose lo necesario para creer en su capacidad, estar seguro de lo que puede hacer que suceda; en otras palabras, si crees que generarás activos, entonces harás todo lo posible para lograrlo.

Será fundamental también aprender a usar el dinero, porque muchas veces el tener más dinero no resuelve el problema de alguien que no sabe gastarlo o invertirlo. El dinero puede hacer más evidentes nuestras fallas humanas, más que resolverlas; por ejemplo, alguien que gana la lotería o recibe una herencia, dependiendo de lo que haga o no con ese flujo, será muy fácil volver al problema financiero con el que vivía antes de recibir el dinero, a veces hasta puede alcanzar un desorden aún peor. Porque el dinero sólo acentúa el patrón de flujo de efectivo en su mente; si alguien está acostumbrado a gastar todo lo que gana lo más probable será que, así como lo obtuvo, se lo gaste, y el incremento en el efectivo puede tener como resultado un incremento también en el gasto. Por eso, insisto, la educación financiera es importante.

Hay que saber ganar y hay que saber gastar. Aprenderemos a ganar dinero con nuestras habilidades profesionales, y es necesario y vital educarse en el tema. El qué hacer después de ganar el dinero es la aptitud financiera, cómo evitar perderlo, cuánto tiempo conservarlo, cómo trabajarlo para nuestro beneficio. Porque una persona puede ser alguien exitoso desde el punto de vista profesional pero no tener ninguna educación financiera; son personas que trabajan muy duro porque no aprendieron cómo hacer que el dinero trabaje para ellos, sino al revés. Porque uno puede decidir si trabaja para el dinero o si hace que el dinero trabaje para uno. Y ahí está la diferencia. Porque es la inteligencia la que puede resolver esos problemas, no el dinero. No debemos permitir que el poder del dinero nos controle, al no comprenderlo cabalmente, es muy fácil dejarse controlar por él.

Muchas veces trabajamos sin preguntarnos qué sentido tiene lo que hacemos; es fácil olvidarse de nuestra sabiduría interna y entonces seguir a la multitud, hacer cosas sólo porque los otros las hacen. Porque nos conformamos en vez de cuestionarnos. El miedo a diferenciarnos nos impide buscar nuevas maneras de resolver nuestros problemas. Por eso es importante detenerse en momentos y preguntarse si lo que estamos haciendo tiene sentido. Si bien uno puede estarse levantando temprano todos los días y yendo a trabajar sin ningún sentido, puede también perder el sentido si lo que hace es renunciar a todos los trabajos en los que es contratado. Necesitamos ser sinceros con nosotros mismos, con nuestra sabiduría interna y no obedecer ni a los demás ni a nuestros miedos. ¿Qué tiene sentido para ti? ¿Dónde te quieres ver en cinco años? Una vez más, pregúntatelo y no lo pierdas de vista. No te pierdas de vista. Modela siempre conforme tu manera de pensar, camina siempre en pos de la integridad y el cumplimiento de tus metas.

Uno de nuestros errores acerca de los activos y los pasivos, por ejemplo, es pensar que un automóvil es un activo. No lo es. Puede que sea uno de tus mayores sueños, pero debes darte cuenta que sólo extraerá dinero de tu bolsillo, lo que lo transforma en un pasivo. ¿Recuerdas la definición tan sencilla que te di unos párrafos antes? Para aprender a distinguirlos, ¿extrae o te da dinero? La compra de un automóvil extraerá dinero de tu bolsillo. Piensa en las partes que comprarás si se daña, el cambio constante del aceite, las verificaciones, tenencia, etc., además de pensar en que, si decides venderlo, su valor baja; siempre lo venderás en menos dinero del que tú pagaste inicialmente para comprarlo.

El sueño de tener un auto algún día puede volverse algo emocional, pero en lo que se refiere al dinero (y, en realidad, a todo), no podemos permitir que nuestras emociones prevalezcan por encima de nuestra inteligencia, en este caso, financiera. Debemos ser inteligentes en las decisiones que tomamos para ganar nuestra libertad, tanto financiera como en otros ámbitos, para alcanzar esos sueños. Lo fundamental para no cometer errores como quedarnos endeudados o meternos en problemas será conocer la diferencia entre un activo y un pasivo. Si quieres un automóvil debes tener primero los activos necesarios para generar el flujo que pague por él.

Si tu sueño es tener una casa, entonces debes trabajar por ella, con inteligencia, de igual manera. En lugar de comprar un departamento, mejor piensa en trabajar para comprar un terreno y construir tu casa propia, o bien, comprar una casa que sea completamente tuya, y posteriormente, involucrarte en negocios de bienes raíces para tener activos, y así generar siempre dinero sin que debas estar presente. Si tus ingresos nunca te permiten invertir en activos, entonces tus pasivos (hipoteca, deudas, etcétera) serán más grandes que tus activos. ¿Ahora me entiendes? El secreto está en que tus activos generen más ingreso del necesario para cubrir tus gastos y así poder reinvertir el sobrante en más activos, lo que provocará un crecimiento constante de tu ingreso. Y así es como los ricos se hacen más ricos. Para la clase media el ingreso principal es por medio de salarios, conforme el salario se incrementa también lo hacen los impuestos. Los gastos se incrementan al mismo ritmo que los salarios, en vez de invertir en activos que produzcan más ingreso. La falta de educación financiera te crea riesgos de los que no te percatas hasta que ya es muy tarde.

La razón por la que tendemos a jugar a lo seguro es porque las posiciones financieras son débiles, estamos viviendo de pasivos sin activos reales que nos generen un ingreso y generalmente la única fuente de ingreso es un cheque cada mes. Nuestra existencia depende totalmente de nuestro empleador. Y esta es una de las razones por las que cuando se nos presentan oportunidades de negocios o de vida no podemos sacar provecho de esta oportunidad, y decidimos ir a lo seguro. Muchas veces no tenemos de otra, al estar cargados de deudas y con los impuestos al máximo, no podemos hacer más. Pero, si ya conocemos la diferencia entre activos y pasivos, podemos empezar a concentrar nuestros esfuerzos en buscar y adquirir activos para generarnos ingresos. Y esa es la mejor manera. Si nos enfocamos en mantener bajos los pasivos y los gastos, tendremos más dinero disponible para agregar a nuestros activos. De pronto podrás pensar en invertir mucho más dinero sin temerle al riesgo, porque invertir no es riesgoso, es la falta de educación financiera la que nos puede poner en riesgo.

Decide para quién trabajas. Si bien hace unas cuantas páginas mencioné que uno puede trabajar para sí mismo aunque trabaje en la empresa o el negocio de alguien más; lo que ahí trabajas es tu desarrollo profesional y personal.

Si aprendes a tomar un empleo como una oportunidad para tu crecimiento, para fijarte metas y cumplirlas, entonces trabajas para ti; pero, muchas veces, es fácil perderse de vista, olvidarse del sentido por el que empezamos a hacer las cosas. Así que pregúntatelo *¿para quién trabajas?* Porque muchas veces, la mayoría de las personas al trabajar para obtener un sueldo, están haciendo rico al empleador, no a sí mismos.

Tus esfuerzos le están proporcionando éxito a alguien más. Si trabajas para el gobierno o para el banco; el gobierno retiene parte de tu sueldo sin que te des cuenta; trabajas más duro simplemente para que el gobierno incremente la cantidad de impuestos que toma de ti, y el banco te hace trabajar para una hipoteca y una tarjeta de crédito. Reitero, trabajas primero para el dueño de alguna compañía, luego para el gobierno a través de los impuestos y, finalmente, para el banco con tu hipoteca. El problema de trabajar más duro, en este caso, es que puedes estar generando esfuerzos para dárselos a alguien o algo más. Lo que necesitas es aprender la manera de que tus esfuerzos te beneficien a ti de una manera directa. Una vez que has decidido concentrarte en ti y en tus propios negocios, debes establecerte metas. Trabaja para ti. Incluso si debes depender de un salario para financiar la adquisición de tus activos.

Por eso te preguntaba anteriormente, ¿puedes verte a los ochenta años?, ¿puedes verte dentro de cinco? Hace unas páginas te lo preguntaba para aprender a identificar tus metas y objetivos, para esclarecer tu visión sobre ti mismo, en este caso te lo pregunto porque de esto dependerá tu conciencia financiera. La riqueza es la capacidad de una persona para sobrevivir cierto número de días hacia el futuro; si dejaras de trabajar hoy, ¿cuántos días podrías sobrevivir con el dinero que tienes en tu tarjeta, guardado en el banco o perdido entre tus sillones? El entendimiento de esta definición permite la posibilidad de desarrollar un método preciso de medición, y así llegar a comprender en dónde estás parado con respecto a lograr tu independencia financiera. La riqueza mide cuánto dinero estás produciendo con tu propio dinero, es la medida de flujo de efectivo en tus activos contra tus gastos.

Puedes no ser rico, pero tener riqueza. Primero puedes tener un ingreso mensual generado por tus activos para cubrir tus gastos mensuales, y después, si deseas incrementar tus gastos, deberás incrementar el flujo de efectivo de tus activos para mantener el nivel que ya tienes, si acaso dependes únicamente de un sueldo. Tu siguiente meta podría ser reinvertir ese exceso de flujo de efectivo de tus activos en más activos. Mientras más crezcan tus activos, más crecerá tu flujo de dinero; y mientras mantengas tus gastos por debajo del flujo de efectivo de esos activos, obtendrás más ingreso de otras fuentes distintas a tu trabajo físico, lo que podrá enriquecerte cada vez más. El proceso de hacerte rico dependerá de este proceso de reinversión. Si bien sabemos que los ricos adquieren activos, que los pobres sólo tienen gastos y la clase media construye pasivos confundiéndolos con activos, la definición verdadera de rico y de riqueza dependerá de cada quien.

Los problemas financieros frecuentemente serán el resultado directo de aquellos que trabajan toda su vida para alguien más, quienes se quedan sin nada cuando su vida laboral termina. ¿Por qué no pensar en atender un negocio propio? Nuestro sistema educativo prepara a los jóvenes de hoy para obtener buenos trabajos después de haber desarrollado sus habilidades académicas. Las vidas girarán en torno a los salarios y a los ingresos. Desarrollarás tus habilidades académicas para después alcanzar grados más altos de educación y ampliar tus capacidades profesionales; estudiarás para convertirte en lo que quieras: filósofo, músico, sociólogo, artista, científico, ingeniero, etcétera, todas éstas habilidades que te permitirán ingresar a la fuerza laboral y trabajar para ganar dinero; pero existe una gran diferencia entre para qué estudiaste y el negocio (aunque tu negocio pueda corresponder a tu profesión). A menudo te convertirás en aquello que estudiaste, y el error aquí será olvidar atender tu propio negocio, atendiendo el de alguien más, enriqueciendo a otra persona que no eres tú.

Para lograr la seguridad y libertad financiera, necesitas atender tu negocio propio. Éste girará en torno a tus activos y no a tu ingreso. Todas estas ideas de buscar un trabajo que pague más, necesitar un aumento o un ascenso, trabajar tiempo extra, estudiar más para buscar un mejor trabajo, renunciar una y otra vez para encontrar algo mejor, pueden ser sensatas, pero son ideas que únicamente se enfocan en los ingresos; pero la única manera de asegurarle a una persona su libertad financiera es si parte del dinero que obtienes a través de tus ingresos lo utilizas para generar y adquirir más activos que, a su vez, te generen más ingresos.

Está bien conservar tu empleo, no lo dejes, trabaja esa constancia y ese compromiso, sabiendo que éste puede permitirte empezar a adquirir activos verdaderos. Intenta mantener bajos tus gastos, reducir tus pasivos y construir una base de activos sólidos. Los verdaderos activos pueden ser: negocios que no requieran de tu presencia, un negocio del que eres dueño pero que maneja otra persona; acciones de empresas; obligaciones de empresas (como deudas o préstamos); fondos mutualistas; bienes raíces que generan ingresos; pagarés; regalías por propiedad intelectual y todo lo que tenga valor, produzca ingreso, se aprecie y tenga un mercado disponible.

Durante varios años, yo conservé mi empleo, ¿recuerdas? Trabajando con mi padre, mientras atendía Tecnogolf, que era mi propio negocio. No te conté mi historia por nada, sino porque funciona. Pienso que, así como a mí me funcionó, puede funcionarle a alguien más. Poco a poco me fui dando cuenta de la importancia de la educación financiera; mientras mejor comprendí la contabilidad y la administración del efectivo, gracias a la capacitación constante en la que me metí, gracias a no dejar de estudiar, mejor he sabido analizar mis inversiones y resolver mis errores, para así construir mi propia compañía.

No comiences tu propio negocio a menos que en verdad lo quieras, no será esa la solución para aquellos que no encuentran trabajo; puesto que las posibilidades de éxito son reducidas: puesto que implican factores externos (el mercado, competencia, ubicación, deudas) tanto como internos (falta de trabajo, constancia, perseverancia). Yo puedo decirte que a mí me funcionó y recomendarte que emprendas tu propio negocio, pero no lo recomiendo porque sea fácil. No lo es. Nueve de cada diez compañías fracasan en los primeros cinco años, y de las que sobreviven, nueve de cada diez fracasarán eventualmente. Por eso, sí te recomiendo emprender tu propio negocio, pero sólo si realmente tienes ese deseo, sólo si ese ha sido tu sueño y luego tu meta. De otra manera, siempre será mejor, conservar tu empleo mientras atiendes tu propio negocio.

Lo primero que debes de hacer es que el dinero trabaje para ti, no tú para él. ¿A qué le das poder? ¿A tu empleador o a ti mismo? Trabajando para ti, podrás controlar y conservar ese poder. Una vez que tienes ese conocimiento sobre el poder del dinero y lo aprovechas haciendo que éste trabaje para ti, deberás conocer la ley y de qué manera funciona el sistema. La inteligencia financiera es conocer tus números, pero también es saber aprovecharlos para que nadie pueda aprovecharse de ti. Sé astuto.

Yo siempre aconsejo a mis colaboradores para que atiendan sus propios negocios. Siempre les digo: No trabajas para mí, trabajas para ti. Muchos empleadores pueden considerar que aconsejar esto es malo para su negocio, tal vez lo sea para algunos. Yo no pienso eso, pues en mi caso el haberme enfocado en Tecnogolf mientras trabajaba con mi padre, me hizo mejor empleado. Porque me dio un propósito. Una vez más, volvemos a la importancia de las metas y objetivos. Éstas te alientan, te energizan. Trabaja duro para que sea tu dinero el que te haga ganar más dinero, te haga alcanzar la libertad financiera y cada una de tus metas.

Tu propio negocio es aquel que eres tú, es esa riqueza que te mantiene vivo un número de días. Construye y mantén esos activos. Puedes conservar tu empleo y trabajar duro mientras construyes ese colchón de activos; conforme crezcan tus activos, crecerá tu flujo de efectivo, lo que te permitirá darte ciertos lujos. No trates de gastar tu dinero en lujos al principio, trabaja en ellos. Que esos lujos sean tu recompensa por haber invertido y desarrollado un activo real, por haber utilizado tu inteligencia financiera. Repito: no dejes que las emociones venzan a tu inteligencia, no seas impulsivo y no confundas el aburrimiento o la ansiedad con algo que en verdad quieres o necesitas, porque eventualmente estas compras impulsivas podrían convertirse en una carga financiera y un arrepentimiento. Será mejor aprender a ser paciente, trabajar en la constancia y el compromiso, trabajar en uno mismo, tomarse el tiempo necesario e invertir en el negocio propio, sin precipitarse, pues ahí es donde encontrarás las verdaderas recompensas.

Es necesario cierto conocimiento financiero, como he mencionado. Conocer tus números y tener claros tus propósitos y objetivos, pero si no sabes lo siguiente, te quedarás siempre un poco atrás al momento de emprender el camino hacia la libertad financiera. Son cosas que uno va aprendiendo a lo largo de su vida; yo llevo diecisiete años desarrollando Tecnogolf y es apenas que me animo a compartir todo esto que he aprendido, son lecciones que uno debe tener siempre en cuenta.

La educación financiera o contabilidad es una habilidad vital para el negocio o empresa que quieras construir. Mientras más dinero tengas, mayor precisión para gastarlo e invertirlo necesitarás. Es la capacidad para leer y comprender estados financieras y te permitirá identificar las fortalezas y debilidades de cualquier negocio que decidas emprender. La inversión es la manera de lograr que el dinero produzca dinero, incluye estrategias y fórmulas en las que emplear tu lado creativo e imaginativo. Llegar a comprender el mercado, la ciencia de la oferta y la demanda; saber que los mercados son impulsados por un sentido emocional y un sentido económico, ambos fundamentales. Saber qué quiere el mercado y dárselo tú. Así sabrás qué tanto sentido tendrá invertir o qué es lo que te conviene invertir. Hace unas páginas te lo explicaba: ¿Cuáles son las necesidades que el mercado tiene y cómo puedes satisfacerlas tú de una manera distinta a la de cualquier otro? Pensar siempre en la oferta y la demanda, y cómo aprovecharlas. Es importante también conocer las leyes, los impuestos; entender las reglas y las regulaciones de contabilidad, corporativas y a nivel estatal y nacional. El conocimiento intelectual financiero es la mezcla de muchas habilidades y talentos, la combinación de las habilidades que acabo de describir, puede amplificar en gran medida tu inteligencia financiera.

Todos tenemos gran potencial, todos hemos sido bendecidos con distintos talentos y dones; pero dudamos mucho de nosotros mismos. Estas dudas son el más grande freno a nuestro crecimiento personal, profesional e incluso financiero. No es sólo la falta de información o educación, sino la falta de confianza y de seguridad en nosotros mismos. En el mundo real es necesario mucho más de lo que pensamos; no se trata sólo de ser inteligente, sino de atreverse. Este poder financiero que puede despertar después de unas lecciones sobre contabilidad o después de leer este libro, requiere tanto de este conocimiento como de coraje. El poder puede reprimirse si el miedo o la duda es más fuerte. La respuesta a por qué estudiar un poco de contabilidad, por qué educarse financieramente o por qué decidir emprender un negocio sólo la tienes tú. Yo te expliqué a lo largo de este libro por qué para mí emprender mi negocio y educarme para hacerlo ha sido la respuesta correcta. Y es muy cierto que existe la posibilidad de crecer y prosperar enormemente.

Hay que aprender a recibir las oportunidades, entender que los cambios pueden ser buenos, que vale la pena tomar riesgos, no hay por qué tenerles miedo. Tenerle miedo a las oportunidades es tenerle miedo a nuestro potencial, a nosotros mismos. Vivimos en una época que debería emocionarnos más que acongojarnos. Yo me preocupo cuando lo veo, ¿cómo estás viviendo tu vida y cómo vas a aprovecharla? Tanta información y tecnología es riqueza potencial. Porque muchas veces no será la economía ni tu jefe ni tu empleo lo que te causa problemas, eres tú mismo. Tus ideas son tu pasivo más grande, así como pueden enriquecerte, también tienen la capacidad de hacer lo contrario. Tanta indecisión, la falta de claridad en tus propósitos podrían estar empobreciéndote. El mundo nos proporciona retroalimentación de manera constante; la manera de aprender es prestando atención. Aprender a ver las opciones, las oportunidades, pues tienes mil. Las oportunidades y las opciones que tienes frente a ti son infinitas, incluso las financieras. Uno podría pensar que imaginar o crear opciones financieras es aburrido, pero no, puede ser lo más divertido y emocionante si aprendes a verlo así, a expandir tu mente y tus ideas. No es suficiente comprender los números si no tienes una mente creativa. Limitar tus opciones es limitarte a ti mismo. Abrir la mente y estar receptivo a nuevas ideas significa ampliar tu proceso y tu destino.

Mucha gente comete errores distintos, algunas pueden pensar que no tienen el dinero suficiente o que la oportunidad no llega para hacer algo que quieren hacer y simplemente deciden quedarse sentados a esperar que llegue esa oportunidad correcta o a esperar que el dinero les caiga del cielo. También hay personas que tienen el dinero pero no la capacidad para reconocer una oportunidad; tienen el dinero, el momento es propicio, pero no saben ver la oportunidad que tienen enfrente. No logran hacer que su plan financiero encaje en esa oportunidad porque no supieron verla. A eso me refiero cuando digo que la inteligencia financiera consiste en opciones, saber tenerlas, saber crearlas, saber aprovecharlas. Si las oportunidades no se te presentan, ¿qué puedes hacer tú para mejorar tu posición financiera?, ¿de qué manera te levantas a buscar y encuentras esas oportunidades inexistentes?, ¿cómo las creas?

Si una oportunidad se posa frente a tus ojos, pero no tienes dinero y no hay manera de que el banco te respalde, ¿cómo puedes hacer que la oportunidad funcione? Si te equivocas en contar con algo que finalmente no ocurrirá, ¿cómo puedes transformarlo en un beneficio o en una oportunidad? Si la vida te da limones, pon un negocio de limonadas, ¿y cómo lo transformas en millones? Eso es inteligencia financiera, es creatividad, es percepción, intuición y apertura. No sólo se trata de aquello que ocurre o está ocurriendo, sino de lo podría ocurrir o cómo hacer que ocurra, ¿qué tan creativo eres, qué tan abierta está tu mente, como para resolver los problemas financieros que se te presenten? Y no sólo los financieros, la mayoría de la gente conoce pocas soluciones: trabajar, ahorrar, pedir prestado, trabajar duro, ahorrar más, y así sucesivamente. Por eso es que uno busca incrementar su inteligencia financiera, porque uno querría ser capaz de crearse su propia suerte. Y es que así es realmente: uno se crea su propia suerte. Y de igual manera ocurre con el dinero, es uno quien lo crea.

No esperes a que ocurra la cosa correcta o a que se te presente esa oportunidad mágica, porque esperarás años, levántate a buscarlo. El activo más poderoso con el que contamos es nuestra mente y hay que saber usarla. Si una mente se educa correctamente puede crear una enorme riqueza rápidamente; una mente adiestrada de la manera contraria o no educada puede crear una pobreza que le dure toda la vida. Se trata de un proceso de aprendizaje, ¿por qué quieres desarrollar toda tu capacidad financiera?, ¿por qué invertir en ella? Cualquier cosa pequeña puede crecer y hacerse grande. El sólido crecimiento financiero que comienza con una sólida educación financiera se verá reflejado en tu éxito.

Las inversiones están en constante movimiento, vienen y van velozmente; el marco sube y baja, las economías mejoran y luego vuelven a caer. El mundo no se detiene ni lo hará, cada día te ofrece una oportunidad nueva y distinta; mientras más cambie el mundo, más cambiará la tecnología y más oportunidades se presentarán. Se avecinan cambios. Y creo que es necesario estar preparado. Si desarrollas continuamente tu inteligencia financiera no importará la crisis del mercado o de la economía, porque sabrás identificar oportunidades y encontrarle el beneficio o la ventaja a cualquier problema o impedimento. Lo único que realmente es necesario comprender son los números, las matemáticas, y ejercitar siempre el sentido común.

Será tu inteligencia lo que te haga identificar las oportunidades, y mientras mayor sea ésta, más fácil te será saber si un negocio es o no bueno, te ayudará a distinguirlo. Mientras más aprendas más dinero serás capaz de hacer. Lo que sí puedo decirte es que hay mucho que aprender, no lo olvides. Estar en constante aprendizaje significa obtener experiencia y sabiduría. La idea es utilizar tu conocimiento técnico y financiero y tu sabiduría para siempre mejorar tus posibilidades. Invierte más en tu educación financiera y menos en tu guardarropa o en electrodomésticos. Mientras más inteligente seas, mejores oportunidades y posibilidades se te presentarán, pues serás tú el que las haga crecer; éstas no se ven con los ojos, sino con la mente.

Al aprender a caminar nos caemos, estamos diseñados para aprender con base en nuestros errores, si nunca nos cayéramos nunca aprenderíamos a levantarnos ni a caminar. Y esto funciona en cualquier aspecto. Las personas no se atreven porque les da terror perder aquello que tienen; por eso alguien que no le teme al fracaso es ya un ganador. Los fracasos no son necesariamente negativos, todo lo contrario, de ellos se aprende. El fracaso es inevitablemente parte del éxito; por eso, quienes evitan el fracaso, y por tanto los riesgos, están evitando también la posibilidad de éxito. Es necesario cometer errores para poderlos corregir y aprender de ellos; siempre existirá un riesgo, el secreto está en aprender a manejarlo, en lugar de evitarlo.

No será nunca suficiente con tener un gran talento, es sorprendente lo poco que puede ganar alguien talentoso. Es un error pensar que nuestro talento nos hará millonarios; lo que hace falta es aprender a dominar esa habilidad extra para disparar tu ingreso de manera exponencial. ¿Acaso no podría tratarse de la inteligencia financiera? Si uno ha logrado integrar su constancia, su compromiso, su puntualidad en su persona, y se ha vuelto alguien íntegro en quien se puede confiar, que se levanta todos los días para llegar a su trabajo, que tiene sus metas y objetivos claras, y además ha encontrado su talento o aquello de lo que quiere vivir haciendo toda su vida, entonces está muy cerca. Si además de todo eso, uno logra dominar y combinar la contabilidad, la inversión, la mercadotecnia y las leyes para alcanzar la inteligencia financiera, entonces será sencillo hacer más dinero de su dinero. ¿Qué te falta, qué necesitas? Es momento de capacitarte en eso que ahora sabes que no tienes.

No seas un trabajador que sólo se enfoca en trabajar por un salario, que no te engañe la idea del trabajo seguro y los beneficios a corto plazo, esto puede resultar dañino en el plazo largo. Por eso te recomiendo que busques un trabajo de acuerdo con lo que aprenderás, y no tanto por lo que ganes. Finalmente, ganarás más mientras más aprendas.

Debes entender qué habilidades necesitas adquirir antes de escoger aquella profesión específica o aquel negocio, aquella meta que te has propuesto. No te endeudes, no te atrapes a ti mismo en la jaula que se vuelve el pagar cuentas. Al final, terminarás trabajando sólo para pagar tus cuentas y todas tus deudas. Pregúntate constantemente ¿adónde te lleva tu actividad diaria? Cuál es el futuro que escogiste y si estás avanzando hacia él. ¿O sólo estás esperando a que sea quincena para recibir parte de tu sueldo? Por eso es fundamental nunca dejar de ver tu meta, no perder de vista tu propósito ni objetivos. En vez de simplemente trabajar por una estabilidad económica, trabaja por el aprendizaje, por todo lo que puedes aprender, incluso si sólo es la puntualidad o la constancia, éstas son básicas. Pero sé consciente. La educación será más valiosa que el dinero a largo plazo, capacítate, aprende y estudia. Piérdele el miedo a alcanzar tu mayor potencial.

El mundo está lleno de talento, pero muchas veces son esas personas con talento las que tienen los mayores problemas financieros o las que ganan menos de lo que merecen, y no por lo que saben, sino por lo que no saben. ¿Cómo es que uno aprovecha su talento? Con inteligencia financiera. Por ejemplo, McDonald's, sabemos que las hamburguesas no son las mejores, es posible que cualquiera de nosotros podría hacer una mejor hamburguesa de las que les compramos a ellos; la pregunta que se debe hacer aquí es: ¿por qué, entonces, no estamos ganando los millones que gana McDonald's? Pues porque son los mejores para vender y entregar esta hamburguesa básica y promedio. Es un error concentrarse en perfeccionar nuestras habilidades o nuestros talentos. no está mal y siempre es necesario; sin embargo, y mi punto es que también es importante trabajar las otras habilidades que no hemos nunca trabajado, en este caso podría ser la habilidad para vender o de perderle el miedo al éxito. El especializarse en una profesión no te hará obtener más dinero. Uno debe prepararse en distintos aspectos, sobre todo en un sistema de negocios, es necesario saber de todo.

Las habilidades especializadas más importantes en un negocio son las ventas y la comprensión de la mercadotecnia; la capacidad de vender, de comunicarse con otro ser humano, ya sea un cliente o un empleado, un jefe, tu esposa, un amigo o tu hijo, es la base del éxito personal. Las habilidades de comunicación son cruciales para el éxito en la vida. Mientras mejor sea uno para comunicarse y negociar, además de controlar el miedo al rechazo, más fácil será la vida.

A lo largo de este libro hemos hablado de cómo es necesario aprender, siempre; sin embargo, la otra cara de la moneda es igual de necesaria y fundamental. Enseñar. El aprendizaje es una de las maneras que tenemos de recibir, y por lo tanto, en este caso, me refiero a que es igual de importante y necesario el aprender a dar. Ya sea enseñando, ya sea aprendiendo. El recibir es tan vital como el dar. Mientras más se da más puede recibirse. Para ser verdaderamente ricos será primordial ser tan capaces de dar como de recibir. Muchos casos de dificultades financieras son causados por el desequilibrio entre estas dos acciones. Para poder recibir dinero es necesario saber dar dinero. Es un flujo constante y necesario: dar para recibir. Uno debe superar el miedo de perder dinero; a nadie le gusta perderlo, pero esto no significa exclusivamente un fracaso. Se trata de dejar ir, de dejar que el ingreso fluya tanto como la inversión. Dar para recibir. ¿Cómo manejas la pérdida, cómo manejas el miedo? Esto se aplica en cualquier aspecto de nuestras vidas, no solamente al dinero. Nuestra manera de manejar el fracaso establece la gran diferencia en nuestras vidas. Aprender a soltar y a manejar el miedo. En la vida, es muy probable que después de una derrota aparezca una victoria. No existe quién haya ganado un maratón sin antes haberse caído; no existe alguien que sea rico y que nunca haya perdido dinero. Todo en la vida son —y siempre serán— altas y bajas, es importante perder el miedo de vivirlas ambas. No habrá altas si no aprendemos a vivir las bajas; una es necesaria para que pueda existir la otra. Una pérdida siempre puede convertirse en una ganancia.

El fracaso puede volvernos más fuertes y más inteligentes, y hay que aprender a aprovecharlo. No se trata de conformarse o contentarse cuando perdemos, sino de aceptar la pérdida, cómo aceptar la pérdida, para poderla transformar en una ganancia. La pérdida es oportunidad, es aliento, es todo lo contrario a una derrota. El fracaso siempre inspirará a los ganadores y el fracaso derrotará a los perdedores; por eso es que uno no debe tener miedo de perder. En el aspecto financiero esto puede reflejarse en el vivir siempre a lo seguro y sin riesgo; están jugando a no perder en vez de jugar a ganar.

Los buenos negocios son realmente fáciles de encontrar, y para encontrar ese negocio con el que podamos hacernos ricos se requiere inteligencia financiera, como ya dije antes, que engloba las habilidades que detallé con anterioridad, la cuestión es cómo y dónde se aplica.

Digamos que has definido ya el negocio de tu vida. Yo empecé en el garaje de mi casa. Tu desarrollo tiene que ir en sentido de pensar lo grande que quieres llegar a ser. ¿Quieres poner una pastelería, por ejemplo? Debes pensarla más grande que cualquier de las pastelerías que ya conoces. ¿Y en cuánto tiempo? Puedes saber que en diez años quieres tener cuatro pastelerías a nivel nacional. ¿Ya sabes dónde quieres poner la primera? Visualiza ese local y tu mercado alrededor, ya tienes las herramientas necesarias para estudiar tu mercado, ya sabes qué necesita y ya sabes qué venderle. Lo importante viene ahora. Empiezas a analizar tus números. Aquí entran todas las clases de contabilidad que no has tomado, pero que espero empieces a tomar si te interesa tener tu propio negocio.

Digamos que vendiste un pastel. Así como en la primaria te enseñaron las fracciones, utilizaré yo el mismo ejemplo. ¿Cuánto te costó ese pastel?, ¿cuántas horas bajo el sol estuviste antes de que alguien te comprara ese pastel? A partir de estas preguntas, tendrás que preguntarte también ¿qué tan dispuesto estás a pasar tantas horas bajo el sol y cómo lograrás hacer que esas ocho se conviertan en dos o en cinco. ¿Me explico? Tal vez ocho horas de tu tiempo equivalgan a ochocientos pesos. Piensa en el pastel que vendiste, digamos que costó trescientos. Eso quiere decir que perdiste quinientos. Bueno, si logras vender dos, entonces tus ocho horas bajo el sol se convertirán en cuatro horas, por los dos pasteles que vendiste. Si llegas a vender cuatro pasteles, entonces son dos horas por pastel. Ahora, si vendes ocho pasteles, entonces te costaron una hora de tu tiempo. Así vas reduciendo el porcentaje de tu costo por pastel vendido. Pensando con base en estos primeros números podrás calcular cuántos pasteles, por seguir con el ejemplo, tienes que vender para que tu tiempo valga la pena.

A mí me pasó igual. Cuando trabajaba con mi padre en su oficina y luego en mi garaje, cuando decidí que era momento de cumplir mi objetivo de rentar un local. Mi cálculo fue el siguiente: si trabajo con mi papá y gano diez mil pesos —por poner un número—, pero le estoy invirtiendo ocho horas y a los carritos le invierto ocho también, entonces tendría que ganar, por lo menos, diez mil pesos de mi tiempo. Así sabré cuántos carritos necesito arreglar y en qué valor económico para poder rentar un local en cinco mil pesos. De entrada, necesito generar mis diez y mis quince, para tener cubiertos mi tiempo y la renta, después tendré que pensar en el costo de mis piezas, la utilidad de éstas y el costo de mi mano de obra. ¿Me explico? Ésta es una de las razones principales, sino es que la principal, por la que tantos negocios abren y cierran en poco tiempo.

Tienes que conocer todos tus números, saber cuánto cuesta lo que haces, saber si hay alguna otra empresa con la que compitas y cuánto es tu costo de operaciones en comparación. Una de las maneras para ganarle a tu competencia puede ser la diferenciación. Digamos que puedes no ganar en comparación, pero sí por diferenciarte. Por ejemplo, ¿recuerdas el ejemplo de McDonald's que usé antes? Éste es uno distinto: imagínate en cuánto vende

McDonald's un McTrío, si quisieras tú dedicarte a hacer hamburguesas tienes que saber que no vas a lograr vender lo mismo que McDonald's si vendes tu McTrío en cuarenta y cinco pesos. Necesitarías tener el mismo volumen de venta. Entre más vendas, tu costo será más bajo. No quiere decir que vas a vender una hamburguesa en treinta o cuarenta pesos porque quieres ganarle a McDonald's, es obvio que no le ganarás. Sin embargo, podrías tener un negocio en donde tu hamburguesa costara cien pesos, pero que se diferencie por lo gourmet, por sus ingredientes, por ejemplo, que tu hamburguesa no sea de carácter industrial, sino que tenga el guacamole más fresco y delicioso y el tocino en una perfecta cocción. ¿Me explico? Eso sería lo que le daría a tu hamburguesa un valor agregado, lo que te diferenciaría de tu competencia. Digamos que vendieras arte, nunca vas a lograr ganarle a algo automatizado, como una impresora, contra lo tuyo artesanal. Tú vas a vender por el arte, por esa diferencia.

Lo primero para poder hacer esto es conocer tus costos, ya sea si hablamos de hamburguesas o de un cuadro de flores. Necesitas conocer tus costos: cuánto cuesta tu lienzo, tus acuarelas, tu tiempo; cuánto cuesta el tocino, cuánto el aguacate y cuánto la mayonesa. Sin disminuir nunca tu costo. Ahora, deberás ganar una utilidad para poder invertir en otro cuadro o en otra cosa necesaria para aumentar tu crecimiento. Siempre debe haber una utilidad porque si no, no creces, por eso será vital conocer cuánto debes de ganar; después de eso, deberás trabajar en la parte difícil de la que hablábamos unas páginas antes, la labor de venta. ¿Quién te va a comprar ese valor agregado que tiene tu cuadro o tu hamburguesa?, ¿por qué comprártelo a ti y no a McDonald's? Ésta será la única manera de ganarle a la competencia. Debes entender qué quiere el cliente, escuchar su necesidad. Si los clientes quieren ahorrar dinero, entonces, ¿cómo los convencerías de pagar un poco más? Debes conocer tu producto para poder vender su beneficio o la garantía, ofrecer un mejor trato, cualquier cosa que se convierta en un valor agregado, por ejemplo, en lugar de ofrecer un descuento, porque todos los descuentos salen de tu bolsa. Lo que menos querrías es provocarte una quiebra antes de empezar.

Si no conoces tus números nunca sabrás adónde vas, no sabes si ya ganaste o si perdiste. Por eso la importancia de estudiar contabilidad, un poquito de finanzas. Todo cuesta, sabe esto de antemano. Identifica cuánto cuesta tu tiempo de una manera sencilla: tienes tu sueldo de ocho mil al mes, lo divides entre treinta, eso te da cuánto cuesta el día y lo divides en ocho horas de trabajo, eso cuestan tus horas. Otra cosa muy importante: la utilidad. Si no, no creces, no te desarrollas, no tienes cómo hacer inversiones o comprar más ingredientes o contratar a otra persona. No puedes no obtener una utilidad y esa utilidad bruta debe ser, por lo menos, del 35%.

Para entender la situación financiera de un negocio es necesario conocer 4 números muy importantes, en forma de porcentajes, comprenderlos muy bien para así trabajar sobre ellos y mejorar el resultado (utilidad). El primer número importante en un negocio es el ingreso, equivalente al 100%, es decir, todo lo que la empresa tiene de recursos económicos;

el segundo es el costo de tu mercancía (un porcentaje variable de ese 100%), éste sería lo que pagas a tus proveedores del producto a vender, aquí entraría el lienzo o el pan de la hamburguesa, y todos los insumos necesarios para formar tu producto, este porcentaje normalmente está entre el 50 y el 65% de tus ingresos, que serían el 100% ¿recuerdas?, y se resta de tu 100%, lo que quiere decir que ya sólo te quedaría, en este ejemplo, un máximo de 35%, para operar y ganar utilidades, utilizando el 65% como costo.

El siguiente número es el costo de operación, que es donde entraría, por ejemplo, el tiempo, la luz, el internet, el teléfono, sueldos, etcétera. Ese será un porcentaje proporcional de tu primer 100%, que es todo lo que tienes. Por lógica, deberá ser menor al 35% que teníamos disponible, para mantener un margen de utilidad. El último número es la diferencia a favor o en contra de tu 100% menos los otros dos. Éste será tu resultado final, aquí nos daremos cuenta si ganamos o perdemos dinero en nuestro negocio. Es la manera más sencilla de explicar la contabilidad para los no contadores.

Digamos que tienes tu ingreso: vendes una botellita (o cualquier cosa) en cien pesos, los cien pesos serán tu 100%, todo lo que recibes, pero si tú la compraste y digamos que te costó cuarenta pesos, entonces el 40% fue el costo de tu mercancía. 100-40=60. Sesenta pesos son lo que te queda para llenar tus otros dos números. Resulta que de tu internet, la renta de tu casa, la luz, etc. fueron cincuenta pesos, así que te quedan diez de utilidad, ¿comprendes? Si los dos números de en medio se van más arriba sumados que tu 100%, entonces el resultado que obtendrías sería negativo, esto significa que perdimos esta cantidad de dinero. Si vendiste tu botellita en cien, pero ésta te costó sesenta y todo lo que gastaste de más fueron sesenta, entonces el resultado sería menos veinte. 60+60=120 y yo sólo tengo cien. Esto querría decir que perdiste veinte. Para resolverlo tus opciones serán venderlo en ciento veinte o comprarlo u operarlo en menos de sesenta. El último número es el número que entra o sale de tu bolsa.

Es fundamental que cualquier persona que quiera emprender un negocio entienda esto, es lo primero: conocer tus números. Evidentemente, es mucho más complicado de como aquí te lo presento; sin embargo, espero haberte generado una buena idea y, sobre todo, las ganas de educarte en los negocios, para comprenderlo mejor y obtener un mejor resultado. Acércate a especialistas en negocios, finanzas y contabilidad para asesorarte y no arriesgarte por no saber.

Seguramente también te preguntarás ¿cómo incrementar esos números? Con mucho gusto te sugiero cuatro caminos para lograr hacer crecer tu negocio. Primero, aumenta tu tráfico; el número de prospectos que tienes para vender será trascendental para aumentar tus posibilidades de negocio, es muy importante no perderlo de vista. Lo segundo será convertir estos prospectos en clientes, por ejemplo, si entran cien personas a tu negocio, ¿a cuántas les vendiste algo? Supongamos que a diez, esto quiere decir que tu tasa de conversión es del 10%, no descuides este número, ya que será muy importante para crear estrategias más adelante y que entren más personas. Si entraran doscientas personas y tu tasa se queda igual en 10%, entonces tendrás veinte clientes, gracias a que tuviste más prospectos, ¿me explico? Ahora, imagínate,

¿qué pasaría si le vendieras al 15% de esos prospectos en lugar del 10%? Esto sería 200 x 15% = 30. ¿Te das cuenta que con sólo un 5% de esfuerzo en el número indicado aumentaste considerablemente el número de clientes? Diez más con sólo un 5% de esfuerzo en tu tasa de conversión.

El tercer paso es conocer tu venta promedio, o sea, cuánto les vendiste en promedio a esos 20 clientes. Esto se calcula dividiendo el monto facturado durante el periodo, entre el número de clientes. Supongamos que vendiste 20,000 pesos en total; 20,000/20=1,000 pesos promedio. A partir de esto, hay que pensar en cómo aumentar ese promedio. Ya que el efecto en el aumento de esta venta, aunque sea en un 5% también, será igual de exponencial que el caso de la tasa de conversión. ¿Qué te parece? Y por último, el número de veces que le vendes a cada uno de ellos en el periodo. Para encontrar la forma de que regresen a comprarte lo más pronto posible. Si en lugar de una sola compra promedio de 1,000 pesos, cada cliente te compra dos veces, ¿qué crees que pase? ¡Correcto! Duplicaste tus ventas con los mismos clientes.

¿Te imaginas qué pasaría mes con mes logras aumentar cada uno de esos caminos en algún porcentaje? Me gustaría que hicieras unos ejercicios tú mismo en una hoja, para que te des cuenta de que hacer crecer un negocio no es tan complicado si trabajamos inteligentemente y sobre los números indicados.

Porque un negocio no puede solamente mantenerse, si no creces, decreces. Debes buscar constantemente estrategias o maneras distintas de hacerlo crecer. Piensa en grande desde el día uno. Ten en cuenta todo esto porque si quieres poner un negocio debes aprender a tomar siempre las mejores decisiones, con tus finanzas, con tus costos, tus ventas, tus empleados, etc. Pon el negocio, el que quieras, uno que te obligue a comprometerte a vivir de él. Aguanta, persevera. Tal vez puedes empezar trabajando desde casa de tus papás, ponte una meta y cúmplela, quédate un año con ellos y busca después un local o tu propio departamento. Digamos que en un año debes pagarle cien mil pesos a tus padres, el saber lo que generas y lo que perdiste te puede dar la oportunidad de proponerte, el próximo año, ganar el doble y no perder otros cien mil. Conocer tus números te abre la puerta también a modificar tu comportamiento, para incrementar tus ventas, subir el precio, mejorar la labor de venta. Ser empresario no es para cualquiera. Se necesita mucho compromiso, se necesita estar dispuesto a leer un libro de contabilidad o de finanzas, aprender a negociar y a vender y tener la mente muy abierta, siempre imaginando, creando y solucionando. Encontrar un buen trato, hallar el negocio correcto, las personas indicadas, los inversionistas necesarios es un trabajo, se necesita perseverar. Vas a tener que salir a la calle, hablar con mucha gente, hacer ofertas, contraofertas, negociar, preguntar, rechazar y aceptar. Y no sólo en los negocios, son partes fundamentales de cualquier proceso en esta vida si quieres lograr algo.

Yo te estoy preguntando por qué eres diferente y en la pregunta está la afirmación. Es algo que no debes jamás olvidar. La esencia individual que nos compone nos permite movernos y desarrollarnos, salir delante de una manera completamente única. No es necesario compararse. Está bien tener ídolos o mentores, admirar a alguien. Es necesario tener personajes a quienes admiramos, es importante, es poderoso. Cuando crecemos, a menudo perdemos estas figuras porque perdemos la inocencia. Está bien trabajar la idea de la admiración, está bien buscar nuevas figuras conforme crecemos. Es necesario usarlos como referencias, como ejemplos, para entender cómo hicieron ellos las cosas y por qué les funciona o funcionó, cómo emprenden sus negocios, cómo tratan a los demás, cómo viven y cómo crecen.

Estas figuras nos inspiran, nos ayudan a creer que hacer las cosas puede ser sencillo; la manera en la que ellos hacen las cosas, el cómo nos convencen de que hacer las cosas es fácil es lo que nos hace desear ser como ellos, nos da fuerza: si ellos pudieron, entonces nosotros también. Búscate un héroe a quién seguir, a quién imitar. Incluso podría ser alguien que conozcas, esto también es conveniente, invítalo a comer y pídele consejos, aprende a ver que tú mismo puedes buscar y encontrar las maneras de inspirarte.

Final

Espero no haberte abrumado con las últimas lecciones en estas páginas. Los números pueden ser complicados y no es fácil enseñarlos de manera sencilla. Sin embargo, y lo que a mí me alegra, es pensar este libro como un manual, un atisbo a una posibilidad inmensa y deslumbrante, un consejero. Mi intención no ha sido otra más que orientarte, darte una pequeña probadita de todo lo que puede ser el mundo si decides mirarlo de otra manera. Abrirte las puertas de una nueva percepción. No tengo yo todas las respuestas porque realmente nadie las tiene, nadie las sabe, las va descubriendo poco a poco, conforme avanza, y eso es lo divertido del juego de la vida. Este libro te responderá ciertas cosas, pero te dejará con otras dudas. Como un efecto dominó, abrir una puerta para que después se abran cien más. Si encuentras en ti la capacidad de aprendizaje, de atención, si encuentras en ti ese motor necesario para capacitarte y comprometerte entonces podrás dirigirte hacia cualquier lugar que quieras ir.

Recuerda valorar todo lo que tienes, no te compares, no te rindas. Ten en mente siempre que un fracaso puede ser una ganancia. No te frustres, no renuncies a tu meta; aprende a encontrar la oportunidad en el error y cambia tu estrategia. No cambies tus metas. Cada piedra del camino es algo con lo que debes tropezar para llegar a tu destino. Sigue creciendo, nunca dejará de haber problemas, que esto no te impida estar siempre en la búsqueda de respuestas y soluciones. A veces, cuando resuelves un problema, descubres que la solución te lleva a otra oportunidad, y esa oportunidad a otra y terminas inmerso en una bola de nieve de oportunidades. Porque no puedes parar algo que va creciendo. Es como una montaña. Uno sube a una montaña, lento, poco a poco, puede tardarse días o años, pero al llegar a la cima no hay otra opción más que empezar a bajar, ¿no es así? Pues es entonces sube la montaña más alta, y nunca dejes de intentar alcanzar la cima.

Pero ten cuidado, porque puede volverse adictivo. Cuando uno descubre que fijarse metas y luego cumplirlas no es tan difícil si eres íntegro y constante, entonces empiezas a fijarte más y más. Cuando te das cuenta de que sí es difícil, pero la facilidad se da cuando creas el sistema y sigues tus valores; cuando te percatas de que tu mente es más creativa de lo que pensabas y que tu inteligencia y tus talentos también pueden ser financieros, que tu riqueza está trazada hasta dónde tú quieras, entonces serás imparable. Terminarás siendo tú esa bola de nieve que nunca para. Empezarás a ponerte metas que vayan cada vez un poco más allá.

Una vez que hayas entendido por qué eres diferente y puedas contestarlo de la misma manera que lo preguntas, entonces entenderás que la clave del éxito está en ti, eres tú mismo.

Made in the
USA
Monee, IL